POUR LE MERITE

ORDEN POUR LE MÉRITE

FÜR WISSENSCHAFTEN UND KÜNSTE

DIE MITGLIEDER DES ORDENS

Zweiter Band

1882–1952

GEBR. MANN VERLAG · BERLIN

CIP-Kurztitelaufnahme der Deutschen Bibliothek

Orden Pour le Mérite für Wissenschaften und Künste:
Die Mitglieder des Ordens / Orden Pour le Mérite für Wissenschaften und Künste. Berlin: Mann.
Bd. 2, 1882–1952. – 1978.
ISBN 3-7861-1125-1

Gesamtherstellung Brüder Hartmann, Berlin. Printed in Germany
ISBN 3-7861-1125-1

VORWORT

Der Orden Pour le mérite für Wissenschaften und Künste hat im Jahre 1975 einen Band herausgegeben, in dem sämtliche Mitglieder von 1842 bis 1881 jeweils mit Bild und Kurzbiographie enthalten sind. Damals war ein zweiter Band in Aussicht gestellt worden, der hiermit veröffentlicht wird. Im Angleich an den ersten Band, was die Form und die Anordnung betrifft, bietet er die Mitglieder, die zwischen den Jahren 1882 und 1952 in den Orden aufgenommen worden sind. Ist dem ersten Band das Porträt des Königs Friedrich Wilhelm IV. vorangestellt, der 1842 den Orden begründet hat, so steht am Anfang des zweiten das Bild des verewigten Bundespräsidenten Theodor Heuss, der 1952 die Wiederbelebung des Ordens bewirkt hat.

Auf das Vorwort des ersten Bandes, in dem der Anlaß, die Absicht, von der wir uns leiten ließen, und die Gestaltung dieser Veröffentlichung näher erläutert wurden, darf Bezug genommen werden, denn das dort Ausgeführte gilt auch für diesen zweiten Band. Ebenso sei verwiesen auf den als Einleitung für die gesamte Publikation gedachten Beitrag von Theodor Schieder, selbst Mitglied des Ordens, mit dem Titel »Der Orden ›Pour le mérite für Wissenschaften und Künste‹, ein historischer Rückblick« (Band 1, Seite VII–XLVII). In diesem zusammenfassenden Überblick sind die wechselvolle Geschichte des Ordens, seine Bedeutung und nicht zuletzt seine mit der freien Zuwahl der Ordensmitglieder verbundene Eigenart dargestellt. Eine eingehende, auf allen überhaupt noch erreichbaren Quellen beruhende Geschichte des Ordens, die ein Spiegelbild des wissenschaftlichen und künstlerischen Lebens des 19. und 20. Jahrhunderts zu bieten verspricht, eines Tages vorlegen zu können, gehört zu den Wünschen des Ordenskapitels.

Zur Erleichterung bei der Benützung beider Bände ist dem zweiten ein alphabetisches und chronologisches Verzeichnis aller Mitglieder von 1842 bis 1952, also Band 1 und 2 umfassend, und ein nach Fachbereichen aufgegliedertes Verzeichnis der Mitglieder des gleichen Zeitraumes beigegeben. Um die fachlichen und persönlichen Beziehungen der Ordensangehörigen untereinander deutlicher zu machen, hielten wir es ferner im Interesse der Benützer dieser Bände für geboten, wenn im Text einer Kurzbiographie ein anderes Ordensmitglied erwähnt wird, dieses jeweils durch eine Miniatur des Ordenszeichens als Signum (✪) und die Nennung des Aufnahmejahres hinter dem Namen kenntlich zu machen.

Allen, die bei der Vorbereitung und Ausarbeitung des zweiten Bandes mitgewirkt haben, schuldet das Ordenskapitel herzlichen Dank. Das Bundesministerium des Innern hat finanzielle und technische Unterstützung gewährt und dadurch erst die Drucklegung ermöglicht, aber in Verbindung mit dem Orden auch dafür gesorgt, daß sich Frau Edda Rahn und Herr Ministerialdirigent a.D. Dr. Carl Gussone in langer und keine Mühe scheuender Arbeit der Anordnung und der Redaktion auch des zweiten Bandes widmen konnten. Ihnen und Herrn Schieder, der vielfach mithalf, gebührt dafür der wärmste Dank. Auch Herrn Ministerialrat Rudolf König und Frau Irmgard Suchanek fühlt sich der Orden zu Dank verpflichtet. Der Verlag Gebr. Mann in Berlin hat wie dem ersten so auch dem zweiten Band alle nur wünschenswerte Sorgfalt zuteil werden lassen, was Professor Dr. Peters und Herrn von Reutern zu verdanken ist.

Kurt Bittel
Ordenskanzler

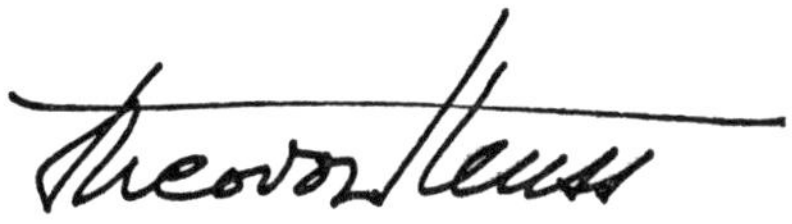

DIE MITGLIEDER DES ORDENS
1882–1952

Pierre Eugène Marcellin BERTHELOT

Chemiker

Geboren am 25. Oktober 1827 in Paris.

Gestorben am 18. März 1907 in Paris.

Nach der Promotion 1854 mit der berühmten Doktorarbeit »Combinaisons de la glycérine avec les acides et la reproduction des corps gras neutres naturels« 1859 Professor für organische Chemie an der Ecole supérieure de pharmacie und 1865 am Collège de France. Seit 1881 Senator auf Lebenszeit, kurzzeitig 1886/87 Unterrichtsminister, 1895/96 Außenminister, 1889 Secrétaire perpetuel de l'Académie des sciences, 1890 Membre de l'Académie Française.

Mit seinen umfangreichen Werken über Synthesen organisch-chemischer Verbindungen, Gleichgewichte und Reaktionsmechanismen, Thermochemie und physiologische Chemie gilt er als der umfassendste französische Chemiker des 19. Jahrhunderts. In späteren Jahren widmete er sich in Zusammenarbeit mit anderen Fachleuten chemiehistorischen Arbeiten.

Aufnahme in den Orden am 17. August 1882.

LAFOSSE
1868
M Berthelot

Jean-Baptiste Joseph Dieudonné BOUSSINGAULT

Chemiker und Agronom

Geboren am 2. Februar 1802 in Paris.

Gestorben am 12. Mai 1887 in Paris.

Schüler der Ecole des mines von St. Etienne. Verbringt 10 Jahre als Chemiker, Bergwerksdirektor, Topograph und Offizier im Generalstab von Bolivar in Südamerika. Dann Professor der Chemie in Lyon, Bearbeitung von Fragen der Agronomie im Elsass. 1839 Mitglied der Académie des Sciences und Inhaber eines Lehrstuhls für Agrikultur. Nach der Revolution 1848 Vertreter des Départment du Bas-Rhin à l'Assemblé constituante und einige Zeit Mitglied des Conseil d'État.

Er gilt als einer der ersten, die systematisch die Chemie in den Dienst der Landwirtschaft stellten. Seine Lehre über die Bedeutung der Chemie in der Landwirtschaft hat er in berühmten Denkschriften niedergelegt.

Aufnahme in den Orden am 17. August 1882.

Boussingault.

Giuseppe FIORELLI

Archäologe

Geboren am 8. Juni 1823 in Neapel.

Gestorben am 29. Januar 1896 in Neapel.

Bedeutender Archäologe, Ausgräber und Numismatiker. 1845–1849 und 1860–1875 Leiter der Ausgrabungen in Pompeji, 1860 Professor für Archäologie an der Universität in Neapel, 1862 Direktor des Nationalmuseums und oberster Leiter der Ausgrabungen in Unteritalien, 1875 Generaldirektor der italienischen Museen und Ausgrabungen.

Neben zahlreichen Berichten über die Funde in Pompeji und in weiteren Teilen Italiens, hat sich Fiorelli durch die Katalogisierung der Bestände des Museums in Neapel, vor allem aber durch die Ausgrabungen in Pompeji, die erst durch ihn in modernem Sinne methodisch ausgerichtet worden sind, in hohem Maße verdient gemacht. Er ging zur Aufdeckung der antiken Stadt in großen Flächen über, ferner bewirkte er Entscheidendes zur Wahrung des ursprünglichen Zusammenhanges der pompejanischen Wandgemälde.

Aufnahme in den Orden 1882.

Fiorelli

Gustav Karl Ludwig RICHTER

Porträt- und Historienmaler

Geboren am 3. August 1823 in Berlin.

Gestorben am 3. April 1884 in Berlin.

Sohn eines Zimmermeisters; nach Anfangsstudien an der Kunstakademie Berlin bei Ed. Holbein geht Richter von 1843 bis 1846 nach Paris als Schüler von Léon Cogniet (✠ 1865); dort auch von Horace Vernet (✠ 1842), Eugène Delacroix und Paul Delaroche (✠ 1850) beeinflußt. 1848/49 in Rom Begegnung mit den Meisterwerken der Vergangenheit. Nach Berlin zurückgekehrt hat er mit historischen und biblischen Gemälden und mit dem Porträt seiner Schwester (1852) erste Erfolge. Zahlreiche Porträts führender Persönlichkeiten zeigen seine künstlerischen Stärken und Neigungen und machen ihn zum Lieblingskünstler der Berliner Gesellschaft seiner Zeit.

Hauptwerke: »Die Auferweckung von Jairi Töchterlein« (1856), »Bau der ägyptischen Pyramiden« (1872 Maximilianeum München), Porträt der Fürstin Carolath (1872), Kaiser Wilhelms I in Kürassieruniform (1877), der Kaiserin Augusta (1878), der Königin Luise (1879 Wallraf-Richartz-Museum Köln), des Generals von Blumenthal (1884).

Aufnahme in den Orden am 24. Januar 1882.

Gustav Richter

Johannes SCHILLING

Bildhauer

Geboren am 23. Juni 1828 in Mittweida (Sachsen).

Gestorben am 21. März 1910 in Klotzsche bei Dresden.

Sein Werdegang: 1842 an der Kunstakademie in Dresden Schüler von Ernst Rietschel (✠ 1858), 1851 in Berlin Schüler und Gehilfe von Drake (✠ 1863), 1853 bei Hähnel (✠ 1874) in Dresden; von 1854 bis 1856 in Rom, Begegnung mit Peter Cornelius (✠ 1842). Von 1868 bis 1906 Professor an der Dresdener Akademie.

Bekannte Werke: Die »Vier Jahreszeiten« auf der Brühlschen Terrasse (1872); Denkmal Kaiser Max von Mexico in Triest (1875); Colossalstatue der Germania des Nationaldenkmals auf dem Niederwald bei Bingen (1877–83); Reiterstandbild König Johanns in Dresden (1889); Wilhelms des I. in Dortmund.

Schilling suchte im Anschluß an antike Vorbilder einen seiner Zeit gemäßen Stil mit modifiziertem klassizistischem Formengut.

Dr. h. c. der Universität Leipzig.

Aufnahme in den Orden 1882.

Johannes Schilling

Otto Wilhelm von STRUVE

Astronom

Geboren am 7. Mai 1819 in Dorpat.

Gestorben am 16. April 1905 in Karlsruhe.

Als Sohn von Friedrich Georg Wilhelm von Struve (✠ 1851), der die Nikolai-Hauptsternwarte in Pulkowa errichtet hat, arbeitete er als dessen Gehilfe von 1839 ab an diesem neuen großen Institut, dem er volle 50 Jahre angehörte, seit 1858 als Stellvertreter des erkrankten Vaters und von 1862 ab als Direktor bis zu seiner Pensionierung 1889.

Otto Struve hat im Laufe von 40 Jahren ein Material von Doppelsternmessungen zusammengetragen, das an Reichtum und Homogenität seinesgleichen sucht und das ihn zur unbestrittenen Autorität auf diesem Gebiet machte. Schon 1850 verlieh ihm die Royal Astronomical Society in London ihre Goldene Medaille, die Petersburger Akademie der Wissenschaften wählte ihn zu ihrem Mitglied.

Aufnahme in den Orden 1882.

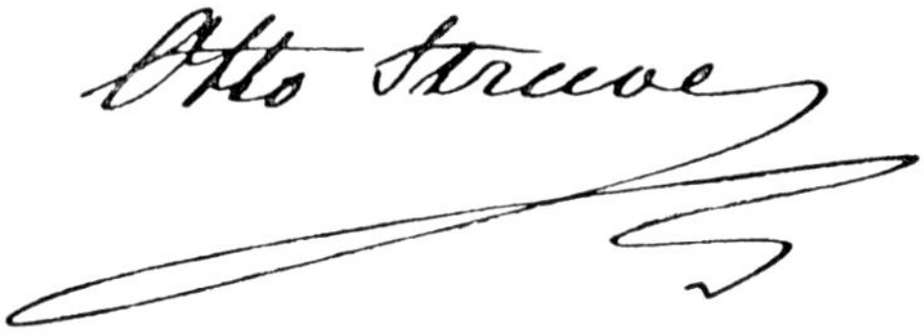
Otto Struve

Bernhard Rudolf STUDER

Geologe

Geboren am 21. August 1794 in Büren, Kanton Bern.

Gestorben am 2. Mai 1887 in Bern.

Studer, Sohn eines naturkundlich sehr interessierten Theologen, studierte Theologie und Mathematik. 1815 Mathematiklehrer am Berner Gymnasium, 1816 Abschluß des Theologiestudiums, dann von 1816 bis 1818 Studium in Göttingen, Freiberg (Bergakademie) und Paris. 1818 wieder am Berner Gymnasium, gleichzeitig Vorlesungen über Physik und Mathematik an der Berner Akademie und Leitung der Mineralogischen Sammlung des Kantons. 1825 erschien seine erste sehr beachtete Veröffentlichung »Beiträge zu einer Monographie der Molasse«. Bis zu seiner Emeritierung 1873 war er Inhaber des Lehrstuhls für Geologie in Bern.

Mit den ihm befreundeten Konrad Eschner und Peter Merian gilt Studer als der Begründer der wissenschaftlichen Geologie in der Schweiz. In vielen, meist zu Fuß mit Fachgenossen aus ganz Europa unternommenen Reisen sammelt er das Material für einen in Monographien und geologischen Karten dargestellten ersten Überblick über den Bau der Alpen. 25 Jahre lang ist er Präsident der »Commission für Geologische Karten der Schweiz«.

Hauptwerke: »Geologie der westlichen Schweizer Alpen«; »Lehrbuch der Mathematischen Geographie«; »Lehrbuch der physikalischen Geographie und Geologie«; »Geologie der Schweiz« (zwei Bände).

1845 Mitglied der Berliner Akademie der Wissenschaften.

Aufnahme in den Orden 1882.

B. Studer.

Reinhold BEGAS

Bildhauer

Geboren am 15. Juli 1831 in Berlin.

Gestorben am 3. August 1911 in Berlin.

Sohn des aus dem Rheinland stammenden Historien- und Porträtmalers Karl Begas, der für den König von Preußen die ersten Ritter der Friedensklasse des Pour le mérite porträtierte. Begas war 1846—51 Schüler von L. Wichmann, Schadow (✠ 1842) und Rauch (✠ 1842) an der Berliner Kunstakademie; 1856—58 Stipendiat in Italien, wo er mit Böcklin, Feuerbach und Lenbach befreundet war. 1857 Erfolg mit der Gruppe »Pan und Nymphe«; 1861—63 Lehrer in Weimar, dann in Berlin.

Hier wird er im Gegensatz zur klassizistischen Rauch-Schule zu einem vom Barock Andreas Schlüters beeinflußten Naturalisten, der sich in der Aera Wilhelms II. zum Monumentalbildhauer entwickelt hat.

Bekannte Werke: Schiller-Denkmal in Berlin (1865), Leitung bei der Gestaltung der Ruhmeshalle in Berlin (ab 1879), Denkmal Alexander von Humboldts vor der Berliner Universität (1883), Brunnen vor dem Schloß (1886—91), Kaiser-Wilhelm-Denkmal dort (1892—97).

Porträtbüsten z. B. Menzel (✠ 1870) (1877), Moltke (✠ 1874) (1879), Bismarck (✠ 1896) (1887), Hohenzollernbüsten und kleinere mythologische Darstellungen gehören zu seinen besten Leistungen; diese Arbeiten seiner mittleren Jahre kennzeichnen seine Bedeutung mehr als die Denkmäler seiner späteren Zeit.

Aufnahme in den Orden 1883.

Reinhold Begas

August Wilhelm von HOFMANN

Chemiker

Geboren am 8. April 1818 in Gießen.

Gestorben am 5. Mai 1892 in Berlin.

Professor der Chemie an der Universität Bonn (1845), am Royal College of Chemistry in London (1845—1865) und an der Universität Berlin (1865—1892).

Hofmann war ein Schüler Liebigs (✠ 1851). Schon in seinen ersten selbständigen Arbeiten entdeckte er, daß das Anilin den Hauptbestandteil der basischen und das Benzol den Hauptbestandteil der leichtsiedenden Anteile des Steinkohlenteers bilden. Er entwickelte eine Methode, um aus dem leichter zugänglichen Benzol das Anilin zu synthetisieren. Anilin wurde unter den Händen Hofmanns zum Ausgangsmaterial für die moderne Farbenchemie: Die große Umwandlungsfähigkeit des Anilins ermöglichte die ersten Synthesen von Anilinfarbstoffen (z. B. Fuchsin, Rosanilin, Anilinblau), auf deren Basis sich die Teerfarbenindustrie als Anfang der modernen chemischen Großindustrie entwickelte.

Man verdankt Hofmann außerdem grundlegende Studien über natürliche und künstliche organische Stickstoffverbindungen und deren Umwandlungsfähigkeiten, welche für die Entwicklung der Lehre von der Struktur der Kohlenstoffverbindungen Bedeutung gewannen. Hofmann entdeckte die Methode der metallkatalytischen Dehydrierung von Methylalkohol zur Darstellung von Formaldehyd.

1867 gründete A. W. von Hofmann die Deutsche Chemische Gesellschaft.

Aufnahme in den Orden am 31. Mai 1883.

A. W. Hofmann

Michele Benedetto Gaetano AMARI

Historiker und Orientalist

Geboren am 7. Juli 1806 in Palermo.

Gestorben am 16. Juli 1889 in Rom.

Amari trat 1820 in den Staatsdienst des Königreichs Beider Sizilien, mußte jedoch seiner politischen Haltung wegen viele Schwierigkeiten auf sich nehmen. Zweimal sah er sich zur Emigration genötigt, nach 1841 und von 1849 bis 1859. Zweimal war er aber auch Minister, erst für Finanzen, später für den Unterricht und für öffentliche Arbeiten. Auch vertrat er einige Zeit das Königreich Neapel als Gesandter in Frankreich und Großbritannien. Er war von 1859 bis 1860 und dann wieder von 1864 bis 1878 Professor für Arabisch an der Universität Florenz.

Vor allem aber ragt Amari als Historiker Siziliens hervor, ein Gebiet, das er zu seiner Zeit wie kein anderer beherrschte, weil ihm sowohl die abendländischen als auch die arabischen Quellen vertraut waren. Sein 1834 erschienenes Buch über die »Fondazione della Monarchia dei Normanni in Sicilia« und das 1841 herausgebrachte über »La Guerra del Vespro Siciliano«, das sechs Auflagen erlebt hat, begründeten seinen Ruf. Von seinen späteren Werken sind die »Storia dei Musulmanni di Sicilia« und die von ihm herausgegebene »Biblioteca Arabo-Sicula« auch heute noch unentbehrlich.

Aufnahme in den Orden am 31. Mai 1884.

Friedrich SCHAPER

Bildhauer

Geboren am 31. Juli 1841 in Alsleben/Saale.

Gestorben am 29. November 1919 in Berlin.

Nach Steinmetzlehre in Halle Ausbildung in Berlin im Atelier von Albert Wolff ab 1859; selbständig 1867. Bekanntgeworden durch sein Uhland-Denkmal in Tübingen, schuf er in der denkmalfreudigen Zeit zahlreiche Denkmäler in der Zeit von 1872 bis 1914.

Hauptwerke unter vielen anderen: Goethe-Denkmal im Berliner Tiergarten (1872—1880), Bismarck- (⌖ 1896) und Moltke- (⌖ 1874) Denkmäler in Köln (1879, 1881), Blücher-Denkmal in Kaub (1893), Christus-Figur in der Kaiser-Wilhelm-Gedächtniskirche in Berlin, Kolossales Giebelrelief am Reichstagsgebäude.

Mitglied und Senatsmitglied der Preußischen Akademie der Künste, Ehrenmitglied der Bayerischen und der Dresdner Akademie der Schönen Künste.

Aufnahme in den Orden 1884; am 20. März 1905: Vizekanzler; am 5. Mai 1915: Kanzler des Ordens.

F. Schaper.

William THOMSON Lord KELVIN OF LARGS

Physiker

Geboren am 26. Juni 1824 in Belfast.

Gestorben am 17. Dezember 1907 in Netherhall/Schottland.

Professor für Natural Philosophy in Glasgow 1846–1899.

Bedeutende Leistungen: Arbeiten zur Thermodynamik, u. a. absolute Temperaturskala, »Kelvin-Temperatur«; Joule-Thomson-Effekt, die Grundlage für die Luftverflüssigung; Theorie der elektrischen Schwingungen; Thomson-Gleichung; wesentliche elektronische Untersuchungen (Telegraphenleitung); Thomsonsches Drehspulgalvanometer; Thomsonsches Quadrant-Elektrometer.

1892 geadelt; zahlreiche Ehrungen aus aller Welt; Grab in Westminster Abbey.

Aufnahme in den Orden 1884.

William Thomson

Joseph Lord LISTER

Chirurg

Geboren am 5. April 1827 in Uptonhouse (Grafschaft Essex).

Gestorben am 10. Februar 1912 in Walmer (Grafschaft Kent).

Lister studierte zuerst Medizin an der Universität London; ging zur weiteren Ausbildung 1854 nach Edinburgh, wo er Assistent an der chirurgischen Klinik wurde. 1860 Professor der Chirurgie in Glasgow, 1869 in Edinburgh, 1877 am King's College der Universität London. 1892 trat er von dieser Stellung zurück. 1894—1900 Präsident der Royal Society London.

Listers Großtat war die Einführung der Antisepsis (Carbolsäure) im Jahre 1865, die die Chirurgie revolutionierte. Der Ausgangspunkt waren die Arbeiten Pasteurs über die Rolle der Bakterien bei der Fäulnis. Trug zur Entwicklung der Chirurgie durch viele andere Neuerungen bei u. a. die Catgutligatur. Außerdem veröffentlichte er wichtige Arbeiten über Augenmuskeln, Blutgerinnung, Entzündung und Bakteriologie.

Aufnahme in den Orden 1885.

Joseph Lister

1885

Georg WAITZ

Historiker

Geboren am 9. Oktober 1813 in Flensburg.

Gestorben am 24. Mai 1886 in Berlin.

Nach Jurastudium in Kiel trat Waitz mit Übersiedlung nach Berlin 1833 in den Kreis um Ranke (✠ 1855) ein und entschied sich, Geschichte zu studieren. Promotion über ein quellenkritisches Thema (1836). Dann Mitarbeiter von Pertz bei der Herausgabe der »Monumenta Germaniae Historica«. Nach Kiel berufen (1842), las er über Geschichte des Mittelalters sowie über Schleswig-Holstein'sche Landesgeschichte. Seine weitere akademische Laufbahn (seit 1847 in Göttingen) wurde durch die Ereignisse des Jahres 48 unterbrochen, die Waitz in das politisch-parlamentarische Leben führten: in die Schleswig-Holsteinische Ständeversammlung und in die Frankfurter Nationalversammlung, in der er als Abgeordneter von Kiel besonders im Verfassungsausschuß tätig war. In der Folgezeit maßgebend an der Belebung mittelalterlicher Forschung in Göttingen beteiligt. 1875 übernahm er in Berlin den Vorsitz der Zentraldirektion der Monumenta Germaniae Historica als Nachfolger von Pertz.

Sein wissenschaftliches Hauptwerk ist die von 1844 bis 1878 in 8 Bänden erschienene »Deutsche Verfassungsgeschichte«, nicht eine abschließende Darstellung, aber eine grundlegende, höchst wertvolle Materialsammlung, ergänzt durch die Veröffentlichung von Urkunden zur deutschen Verfassungsgeschichte im 10., 11. und 12. Jahrhundert (1871). Ferner sind seine zweibändige Schleswig-Holsteinische Geschichte bis 1660 (1851—54) und die »Jahrbücher des Deutschen Reiches unter Heinrich I.« (1863), sowie seine Bearbeitung der 3.—5. Auflage von Dahlmanns »Quellenkunde der Deutschen Geschichte« zu nennen (seitdem »Dahlmann—Waitz«).

Aufnahme in den Orden am 31. Mai 1885.

G. Waitz

August Friedrich POTT

Sprachforscher

Geboren 14. November 1802 in Nettelrede b. Bad Münder am Deister.

Gestorben am 5. Juli 1887 in Halle.

Neben Bopp (✠ 1842) und Jacob Grimm (✠ 1842) einer der einflußreichsten Mitbegründer der vergleichenden Sprachwissenschaft, für die er sich 1830 habilitierte. 1833 erschien sein erstes größeres Werk: »Etymologische Forschung auf dem Gebiet der indogermanischen Sprachen«. Im gleichen Jahr Ruf als apl. Professor an die Universität Halle, wo er fünf Jahre später Ordinarius wurde und 50 Jahre verblieb.

Arbeiten über die Personennamen (1853) und Ortsnamen, das in den Jahren 1859–1876 entstandene »Wurzelwörterbuch der indogermanischen Sprachen«, schließlich die 1876 erfolgte Herausgabe von W. v. Humboldts Schrift »Über die Verschiedenheit des menschlichen Sprachbaus« mit einer fundamentalen Einleitung belegen seine weiteren Forschungsleistungen.

Aufnahme in den Orden am 24. Januar 1886.

Aug. Friedr. Pott.

1886

Giovanni Battista Carlo de ROSSI

Archäologe

Geboren am 23. Februar 1822 in Rom.

Gestorben am 20. September 1894 in Castel Gandolfo.

Seine Ausbildung verdankte de Rossi dem Collegio-Romano, wo ihn der gelehrte Jesuit Marchi zu archäologischen Studien anregte. Er wurde sehr bald zu einem ausgezeichneten Kenner der stadtrömischen Topographie und der römischen Epigraphik. Seine Haupttätigkeit hat er als Präsident der Pontificia Accademia d'Archeologia entfaltet.

Mit Recht gilt de Rossi als der eigentliche Begründer der christlichen Archäologie, denn er ist der erste gewesen, der mit den Methoden der modernen archäologischen Wissenschaft sich diesem Gebiet zuwandte. Seine Ausgrabungen und Entdeckungen in den römischen Katakomben sind von außerordentlicher Bedeutung auch für die heutige und die zukünftige Forschung. Unter seinen Werken ragen »Inscriptiones christianae urbis Romae« und »Roma sotteranea cristiana« besonders hervor. Mit den Hilfsmitteln seiner Zeit hat er Sorge getragen für die Erhaltung der Wandbilder und Inschriften sowie für Sicherung der Gänge und Kammern in den Katakomben.

Aufnahme in den Orden 1886.

Werner Ernst von SIEMENS

Physiker

Geboren am 13. Dezember 1816 in Lenthe (Hannover).

Gestorben am 6. Dezember 1892 in Berlin.

Als preußischer Artillerieoffizier erwarb sich Siemens vielseitige naturwissenschaftliche und technische Kenntnisse, die zur Grundlage wurden für seine bahnbrechenden Erfindungen auf dem Gebiet der von ihm erstmals so genannten Elektrotechnik und damit auch für die von ihm zusammen mit dem Mechaniker J. G. Halske 1847 gegründete Firma »Siemens & Halske«: Zeiger- und Drucktelegraph, Induktor mit Doppel-T-Anker; Entwicklung elektrischer Widerstands- und Isolationsmessungen und die Herstellung nahtlos mit Guttapercha umkleideter Leitungen für die Verlegung transatlantischer Kabel. Mit der Entdeckung des »elektrodynamischen Prinzips« (1865) und mit der Konstruktion der Dynamomaschine (1866) wurde Siemens zum Begründer der Starkstromtechnik, für die er vielfältige Verwendungen erfand (z. B. elektrische Eisenbahn, 1879). Seine Firma, die er bis 1890 leitete, zählte bei seinem Tode viertausend Mitarbeiter.

Zusammen mit Helmholtz (✠ 1873) betrieb er die Errichtung der Physikalisch-Technischen Reichsanstalt in Berlin-Charlottenburg; ab 1863 setzte er sich für eine staatliche Regelung des Patentrechtes ein zur Sicherung des Interessenausgleichs zwischen Erfinder und allgemeinem Nutzen. 1877 Mitglied des neuen Reichspatentamtes.

1888 geadelt.

Aufnahme in den Orden am 24. Januar 1886.

Johannes BRAHMS

Komponist

Geboren am 7. Mai 1833 in Hamburg.

Gestorben am 3. April 1897 in Wien.

Brahms, Sohn einer norddeutschen Bauern- und Handwerkerfamilie, wurde durch seine Freundschaft mit Joseph Joachim (✠ 1899) und mit Robert und Clara Schumann in seiner künstlerischen Entwicklung wesentlich gefördert. Nach Tätigkeiten als Pianist und Kapellmeister in Hamburg und Detmold wurde ihm seit 1863 Wien mit einem großen Freundeskreis zur zweiten Heimat.

Sein reiches Werk ist geprägt vom Erbe der Wiener Klassik – vor allem von Beethoven –, von der abklingenden Romantik, von Volksmusik und Volkslied und von der Schwerblütigkeit und Strenge seiner niedersächsischen Vorfahren. In seiner Instrumentalmusik haben Sonaten und Kammermusik einen großen Anteil neben den Orchesterwerken der Symphonien, der Klavier- und Violinkonzerte und der berühmten Haydn-Variationen. Mit seinem weltbekannten Liederwerk – den 200 Liedern und Volksliedern, den Duetten und Quartetten – zählt er zu den Meistern des deutschen Kunstliedes. Sein »Deutsches Requiem« gilt als beispielhaft für seine künstlerische Form, die monumentale Schwere und handwerklich-strenge Zucht mit verträumter Zartheit verbindet.

Brahms galt in den Auseinandersetzungen um Richard Wagner und Anton Bruckner als Wortführer der Gegner; sein Einfluß auf die nachfolgenden Komponisten Arnold Schönberg, Richard Strauss (✠ 1924), Hans Pfitzner (✠ 1924), Max Reger ist spürbar, doch unterschiedlich.

Dr. h. c. der Universität Breslau (1880); Ehrenbürger von Hamburg (1889).

Aufnahme in den Orden 1887.

Johannes Brahms

Gustav FREYTAG

Dichter und Schriftsteller

Geboren am 13. Juli 1816 in Kreuzburg.

Gestorben am 30. April 1895 in Wiesbaden.

Lebte als freier Schriftsteller in Dresden, dann in Gotha, wo er seine Romane »Soll und Haben« und »Die verlorene Handschrift«, Gemälde des Kaufmanns- und Gelehrtenstandes, schuf. Von kulturhistorischem Interesse sind die fünf Bände seiner »Bilder aus der deutschen Vergangenheit«. In seinem Hauptwerk »Die Ahnen« schildert er die Schicksale einer deutschen Familie von der germanischen Urzeit bis ins 19. Jahrhundert. Nach 1870 verfolgte er die Entwicklung der politischen Zustände mit Besorgnis und nahm in seiner bescheidenen, aber festen Art wiederholt zu den Tagesereignissen Stellung.

Aufnahme in den Orden am 24. Januar 1887.

Gustav Freytag.

Giulio MONTEVERDE

Bildhauer

Geboren am 8. Oktober 1837 in Bistagno (Val di Scrivia).

Gestorben am 3. Oktober 1917 in Rom.

Arbeitete als Kunstschreiner in Genua und besuchte gleichzeitig die dortige Kunstakademie. 1865 erhielt er ein Rom-Stipendium. Hier wurde er durch eine vom König von Württemberg angekaufte Statue bekannt. Für das zu seiner Zeit berühmte Werk: »Der Jenner« wurde ihm 1873 die Ehrenmedaille der Wiener Ausstellung verliehen.

Monteverde war ein bedeutender Vertreter der in virtuoser Technik und theatralischer Gebärde für das Risorgimento charakteristischen Denkmalplastik. Bekannte von ihm geschaffene Denkmäler: Kolossalstatuen Mazzinis in Buenos Aires, Bellinis in Catania, Victor Emmanuels II. in Bologna, des Pianisten Thalberg in Neapel.

Er schuf auch zahlreiche Grabdenkmäler und Porträtbüsten namhafter Persönlichkeiten seiner Zeit.

Mitglied vieler Akademien.

Aufnahme in den Orden 1887.

Giulio Monteverde

Heinrich von TREITSCHKE

Historiker

Geboren am 15. September 1834 in Dresden.

Gestorben am 28. April 1896 in Berlin.

Sohn eines sächsischen Offiziers, promovierte Treitschke in Leipzig bei Roscher und habilitierte sich bei ihm 1859 mit einer Arbeit über das Thema »Die Gesellschaftswissenschaft, ein kritischer Versuch«. 1863 wurde er nach Freiburg berufen, wo er bis 1866, als Baden sich an Österreich anschloß, lehrte. Er setzte seine höchst wirksame akademische Tätigkeit fort in Kiel, ab 1867 in Heidelberg und seit 1874 in Berlin. Zeugnis seines lebhaften Eintretens für die Idee des ethisch gebundenen Machtstaats sind die nach seinem Tode herausgegebenen Vorlesungen über »Politik« (2 Bände 1897). An der praktischen Politik nahm er teil als Reichstagsabgeordneter (1871—84) und durch weitgespannte publizistische Tätigkeit. (Dazu die Sammelbände »Zehn Jahre Deutsche Kämpfe« 1874—79 und »Deutsche Kämpfe, Neue Folge« 1897.) In Abwehrschriften wandte er sich gegen den Sozialismus, sowie aus kulturellen Gründen gegen das Judentum. Nach dem Tode Rankes (✠ 1855) wurde Treitschke zum »Historiographen des Preußischen Staats« ernannt. In einer Fülle wissenschaftlicher Abhandlungen, meist veröffentlicht in den Preußischen Jahrbüchern, trat er für die kleindeutsche Lösung ein. Neben den Essays (später zusammengefaßt als »Historisch — politische Aufsätze«, 4 Bände, 1865—97) ist als sein Hauptwerk hervorzuheben die fünfbändige, bis zur Märzrevolution reichende, »Deutsche Geschichte im Neunzehnten Jahrhundert« (1879—94 erschienen), eine von starkem politischen Pathos getragene Darstellung. Es ist nicht ohne autobiographischen Bezug, wenn Treitschke am Ende des Vorworts des letzten Bandes schreibt: »In der Macht des Gemüths und nicht allein in der vollendeten Form liegt die Größe des Geschichtsschreibers des Alterthums.«

Aufnahme in den Orden 1887.

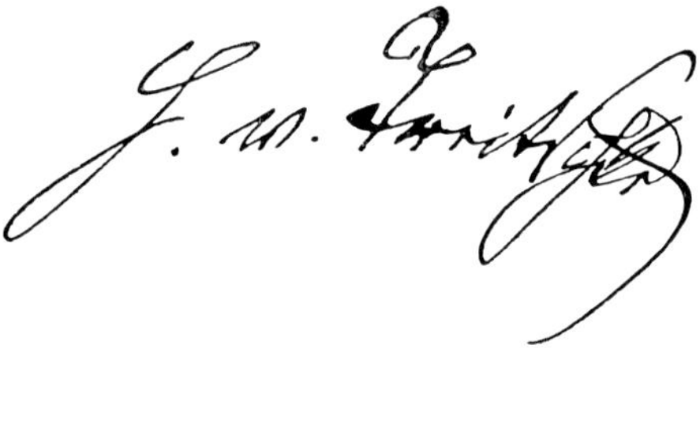

1887

Giuseppe Fortunino Francesco VERDI

Komponist

Geboren am 10. Oktober 1813 in Le Roncole bei Busseto (Parma).

Gestorben am 27. Januar 1901 in Mailand.

1836–39 Maestro di Musica der Gemeinde Busseto; danach keine Stellen mehr bekleidet. Auch politisch aktiv: 1859 Abgeordneter im Provinziallandtag von Parma, 1861–65 Parlamentsmandat, 1875 Berufung in den italienischen Senat.

Erster großer Erfolg: Nabucco (1842). Drei weitere Etappen seines Schaffens werden repräsentiert durch Rigoletto, Il Trovadore, La Traviata (Anfang der Fünfziger Jahre); Il Ballo in Maschera (1859), Aida (1871), das Requiem (1874); Otello (1887) und Falstaff (1893). Verdi ist der Inbegriff der italienischen Oper des 19. Jahrhunderts. Als Person und durch sein Werk wurde er auch zum Symbol des Risorgimento.

Ehrenbürger von Mailand (1887) und Rom (1893).

Aufnahme in den Orden 1887.

G Verdi

William WRIGHT

Orientalist

Geboren am 17. Januar 1830 in Mullye (Indien).

Gestorben am 22. Mai 1889 in Cambridge (England).

Wright ist an der Grenze von Nepal geboren, wo sein Vater im Dienste der East India Company stand. Er studierte in St. Andrews, dann in Halle und in Leiden semitische Sprachen, Persisch und Türkisch. In seinem fünfundzwanzigsten Lebensjahr wurde Wright Professor für Arabische Sprache am University College in London und schon ein Jahr später am Trinity College in Dublin. Dann bekleidete er für einige Zeit eine Stellung in der Handschriftenabteilung des British Museum, wo er einen noch unentbehrlichen Katalog der großen Sammlung syrischer Manuskripte bearbeitete. Von 1870 bis zu seinem Tode war er Thomas Adama's Professor für Arabisch in Cambridge.

Die Arbeiten von Wright galten vor allem der arabischen Grammatik, der arabischen Poesie, später aber auch den apokryphen Akten der Apostel und der Chronik Josua's des Styliten.

Aufnahme in den Orden 1887.

W. WRIGHT

Rudolf Julius Emanuel CLAUSIUS

Physiker

Geboren am 2. Januar 1822 in Köslin.

Gestorben am 24. August 1888 in Bonn.

Professor an der Eidgenössischen Technischen Hochschule Zürich 1855, in Würzburg 1867, in Bonn ab 1869.

Seine wissenschaftliche Bedeutung: Begründer der Thermodynamik; Formulierung des I. und II. Hauptsatzes der Wärmelehre; Begriff der Entropie (1850); Clausius-Clapeyron'sche Gleichung; Clausius-Mosotti'sche Formel; erste mathematische Fassung der kinetischen Gastheorie.

Aufnahme in den Orden am 24. Januar 1888.

R. Clausius

Heinrich Rudolf Hermann Friedrich von GNEIST

Rechtsgelehrter

Geboren am 13. August 1816 in Berlin.

Gestorben am 22. Juli 1895 in Berlin.

Gneist war der führende Vertreter des Verwaltungsrechts in der zweiten Hälfte des 19. Jahrhunderts in Preußen. Als Professor des öffentlichen Rechts an der juristischen Fakultät in Berlin (seit 1858) war er gleichzeitig liberaler Abgeordneter im preußischen Landtag und später im deutschen Reichstag (1867—1884) als Angehöriger der national-liberalen Partei.

Als Politiker wie als juristischer Schriftsteller ist Gneist für einen rechtsstaatlichen Ausbau der preußischen Verwaltung eingetreten. Auf ihn gehen wesentlich die Ideen zurück, nach denen die Verwaltungsgerichtsbarkeit in Preußen aufgebaut worden ist. Er selbst war längere Zeit Mitglied des 1875 gegründeten preußischen Oberverwaltungsgerichts. Die Verwaltung selbst wollte er nach dem Vorbild der englischen Selbstverwaltung dadurch umgestalten, daß er den Honoratioren als vermittelnden Elementen zwischen Staat und Gesellschaft im Aufbau der Verwaltungskörper einen Platz anwies. Auch insofern haben seine Ideen bei der Entwicklung der Selbstverwaltung in der preußischen Kreisverfassung eine wichtige Rolle gespielt.

Seine Schriften galten neben verwaltungsrechtlichen Themen, z. B. »Der Rechtsstaat« (1872), vor allem den historischen Darstellungen der Entwicklung der englischen Verfassung und Verwaltung.

Aufnahme in den Orden am 24. Januar 1888.

Dr. Rud. Gneist

Sir Frederick Baron LEIGHTON of Stretton

Maler und Bildhauer

Geboren am 3. Dezember 1830 in Scarborough.

Gestorben am 25. Januar 1896 in London.

Nach Ausbildung in Rom, Berlin, Florenz, Paris war Leighton in Frankfurt/M (1846–1852) Schüler von Eduard von Steinle und Jakob Becker; 1849 wird er durch sein Gemälde »Giotto als Schafhirte von Cimabue entdeckt« erstmals bekannt; in Rom (1852–1855) Kontakt mit den englischen Schriftstellern Robert Browning und Thackeray und der französischen Schriftstellerin George Sand, anschließend in Paris mit dem niederländischen Maler und Bildhauer Ary Scheffer. Ab 1860 wieder in London, wird er bald sehr populär und gefeiert.

Leighton bevorzugt in seinen Gemälden mythologische Motive, in seinen Plastiken reiche Details. Er gilt als der bedeutendste Vertreter des akademischen und präraffaelitischen Klassizismus in der englischen Malerei des 19. Jahrhunderts, der noch in der Schönheitswelt der Griechen und in der Kunst der italienischen Hochrenaissance lebt.

1878 Präsident der Royal Academy in London, 1886 Baronet, 1896 Baron Leighton of Stretton.

Aufnahme in den Orden am 31. Mai 1888.

Jean Charles Galissard de MARIGNAC

Chemiker

Geboren am 24. April 1817 in Genf.

Gestorben am 15 April 1894 daselbst.

Professor der Chemie und Mineralogie an der Genfer Akademie von 1841 bis 1878. Korrespondierendes Mitglied der Pariser Akademie (1866) und Ausländisches Mitglied der Royal Society, London (1881).

De Marignac entstammte einer bekannten Genfer Familie, sein Vater war von 1818 bis 1833 Staatsrat. Beim systematischen Studium der sogenannten »Seltenen Erden«, gemeinsam in seltenen Mineralien vorkommenden Metalloxiden, entdeckte de Marignac die Elemente Ytterbium (1878) und Gadolinium (1886), unedle, silberglänzende Metalle, die zur Gruppe der Lanthaniden gehören. Große Verdienste erwarb de Marignac sich durch sehr genaue Atomgewichtsbestimmungen; ihm verdankt man die Kenntnis der Atomgewichte von etwa 30 Elementen.

Aufnahme in den Orden 1888.

Charles Marignac

Guiseppe Giovanni Antonio MENEGHINI

Geologe und Paläontologe

Geboren am 30 Juli 1811 in Padua.

Gestorben am 29. Januar 1889 in Pisa.

Studium der Medizin in Padua. Dort Assistent am Lehrstuhl für Botanik, veröffentlicht einige physiologische und botanische Arbeiten. 1839 Professor der Physik, Chemie und Botanik. 1848 muß er nach Pisa emigrieren, wo er den Lehrstuhl für Mineralogie und Geologie des in den Kämpfen gegen die Österreicher gefallenen Leopoldo Pilla übernimmt. Gleichzeitig wird er Direktor des geologischen Cabinets.

Zahlreiche Veröffentlichungen über Mineralogie und Geologie der Toscana. Von 1853 bis 1862 jährliche Berichte über die Kupferbergwerke des Apennin und über die Arbeiten der Soc. Mineralia anglotoscana. Werke über Paläontologie der Insel Sardinien (1857—1860) und der Lombardei (1867—1881).

Aufnahme in den Orden 1888.

Giuseppe Meneghini

Theodor NÖLDEKE

Orientalist

Geboren am 2. März 1836 in Harburg.

Gestorben am 25. Dezember 1930 in Karlsruhe.

Schon in früher Jugend zeigte Nöldeke eine hervorragende Begabung für orientalistische Studien. Seine erste, 1856 in lateinischer Sprache erschienene Abhandlung über Ursprung und Anordnung der Suren des Koran wurde drei Jahre später von der französischen Académie des Inscriptions preisgekrönt. Er habilitierte sich 1861 in Göttingen für semitische Philologie, wurde in Kiel außerordentlicher, 1868 ordentlicher Professor, wo er auch über Sanskrit und Altes Testament las. 1872 nach Straßburg berufen, übte er dort bis 1920 eine überaus vielseitige Lehrtätigkeit als Semitist aus.

Nöldeke war ein überragender Orientalist. Auf dem Gebiet des Arabischen, Aramäischen und Iranischen hat er umfassend und mit außerordentlicher Gründlichkeit gearbeitet, aber auch ganz Wesentliches zur Kenntnis des Abessinischen, Hebräischen, Türkischen und der phönizischen Inschriften beigetragen. Seine Studien galten ebenso den Sprachen wie der Literatur, der Kultur und der Geschichte orientalischer Völker und Stämme. Zahlreiche Schüler, die später selbst Bedeutendes leisteten, lernten bei ihm. Auch heute noch steht die Islamwissenschaft auf weitem Gebiete stark unter seinem Einfluß.

Aufnahme in den Orden 1888.

Th Nöldeke.

Émile Charles WAUTERS

Maler

Geboren am 19. November 1846 in Brüssel.

Gestorben am 11. Dezember 1933 in Paris.

Schüler der Akademien in Brüssel und Paris, dann unternahm er ausgedehnte Reisen durch Italien und Deutschland und wurde 1869 zur Eröffnung des Suez-Kanals eingeladen, von wo er eine Reihe von Genrebildern und eine große Anzahl von Skizzen mitbrachte. 1872 erregte er Aufsehen durch das Historienbild: »Der wahnsinnige Hugo van der Goes«.

Wauters, Ehrenmitglied der Akademien in Wien, Berlin und München, erhielt 1883 die Große Goldene Medaille der Berliner Kunstausstellung.

Seine Bilder haben immer etwas Wuchtiges und Massives und wurden zu seiner Zeit in vielen Museen gezeigt. Als Porträtist vieler zeitgenössischer Persönlichkeiten bekannt und gesucht.

Aufnahme in den Orden 1888.

Karl Friedrich Wilhelm LUDWIG

Physiologe

Geboren am 29. Dezember 1816 in Witzenhausen.

Gestorben am 23. April 1895 in Leipzig.

Ludwig studierte Medizin an den Universitäten Erlangen und Marburg. 1842 Privatdozent für Physiologie, 1849 ordentlicher Professor der Anatomie und Physiologie in Zürich, 1855 Professor der Physiologie an der medizinisch-chirurgischen Militärakademie in Wien; 1865 bis zum Lebensende Professor der Physiologie in Leipzig.

Ludwig gilt als der Begründer der quantitativen Experimentalphysiologie. Durch eine große Anzahl von Schülern – über 200 aus allen Ländern der zivilisierten Welt – und ein berühmtes Lehrbuch war sein Einfluß auf die Entwicklung der Physiologie entscheidend. Seine Hauptbeiträge betreffen die Physiologie der Harnbereitung, des Kreislaufs, der Atmung und des Nervensystems und die Einführung neuer Methoden, u. a. des Kymographen für die Registrierung von Organfunktionen, der Stromuhr und der Durchblutung isolierter Organe. Viele seiner Beiträge wurden unter den Namen seiner Mitarbeiter veröffentlicht, obgleich Ludwig nicht nur für die Planung verantwortlich war, sondern auch an der Ausführung der Versuche und an der Abfassung der Veröffentlichungen wesentlich beteiligt war.

Aufnahme in den Orden 1889.

C Ludwig

Karl Franz Eduard von GEBHARDT

Maler

Geboren am 13. Juni 1838 in St. Johannis (Estland).

Gestorben am 3. Februar 1925 in Düsseldorf.

Sohn eines hohen Geistlichen, lernte er in Petersburg, Wien, Karlsruhe und Düsseldorf. 1863 zeigte er erstmalig auf einer Ausstellung ein religiöses Werk. Der Balte entwickelte aus religiösem Erleben eine eigenartige Auffassung des Christentums und – im Gegensatz zu den sogenannten Nazarenern – einen neuen, mehr realistischen Stil mit der Besonderheit, daß er die Gestalten des Neuen Testaments zeigte, als ob sie etwa im Jahrhundert Luthers gelebt hätten.

Bekannte religiöse Bilder: »Einzug in Jerusalem« (1863), »Letztes Abendmahl« (1870), das von der Nationalgalerie Berlin erworben wurde und das heute noch als eines der bedeutenden Werke der religiösen Historienmalerei gilt; Fresken im Kollegiensaal des Klosters Loccum (1884–91); »Ecce Homo« (1889); »Bergpredigt« (1902). Beachtenswert sind auch seine Porträts, von denen das von Hugo Crola (1887) wohl das bekannteste ist.

Aufnahme in den Orden am 31. Mai 1890.

E v Gebhardt

Alphonse Louis Pierre Pyramus de CANDOLLE

Botaniker

Geboren am 28. Oktober 1806 in Paris.

Gestorben am 4. April 1893 in Genf.

1835 Direktor des Botanischen Gartens in Genf und ab 1842—1855 Professor für Geschichte der Naturwissenschaft in Genf.

Sohn und wissenschaftlicher Nachfolger des Schweizer Botanikers Augustin Pyramus de Candolle, des pflanzengeographischen und physiologischen Systematikers (gestorben 1841), dessen Hauptwerk »Prodromus Systematis Naturalis Regni Vegetabilis« (9 Bde.) er vollendete. Alphonse de Candolle untersuchte die geologischen Ursachen der heutigen Pflanzenverbreitung.

Bekannte Publikationen: Ursprung der Kulturpflanzen (1833, Englische Auflage 1886); Pflanzengeographie (2 Bde. 1855); Gesetze der botanischen Nomenklatur (1867); »Monographiae Phanerogamarum« (1873). Daneben viele Studien über die Geschichte der Botanik, Biographien.

Aufnahme in den Orden am 17. August 1891.

Alph. de Candolle

Hermann ENDE

Architekt

Geboren am 4. März 1829 in Landsberg a. W.

Gestorben am 10. August 1907 in Wannsee bei Berlin.

Studierte 1851–55 an der Berliner Bauakademie. Als Stipendiat aufgrund des großen Staatspreises der Akademie der Künste machte er eine zweijährige Reise durch ganz Europa.

Er gründete mit seinem Freund 1859 das Architekturbüro »Ende & Böckmann«, baute in Berlin und anderswo zahlreiche Villen und Palastbauten im Renaissancestil, Industriegebäude, Mietshäuser, z. B. das sogen. »Rote Schloß« (1864), Museum für Völkerkunde (1880), das Lessing-Theater in Berlin (1888), das Parlamentsgebäude, Justizpalast und Justizministerium in Tokio in europäischem Mischrenaissancestil (1886–91).

1895 bis 1904 Präsident der Akademie der Künste.

Aufnahme in den Orden 1891.

Adolf von HILDEBRAND

Bildhauer

Geboren am 6. Oktober 1847 in Marburg.

Gestorben am 18. Januar 1921 in München.

Sohn des Nationalökonomen Bruno Hildebrand. Sein künstlerischer Weg entschied sich in Rom durch seine Freundschaft mit dem Kunsthistoriker Konrad Fiedler und dem Maler Hans von Marées; trotz späteren Bruchs fruchtbare gemeinsame Jahre.

Seine Vorstellungs- und Anschauungskraft brachte seine ungewöhnliche Begabung in einem reichen Werk zur Entfaltung. Florentinische Renaissance und Römische Antike beeinflussen die lebensnahe Gestaltung seiner menschlichen Figuren. Viele Brunnen, Denkmäler, Bildnisbüsten bezeugen dies, z. B. das Denkmal Bismarcks (✠ 1896) in Bremen (1907/10); der Wittelsbacher Brunnen in München, der zu den schönsten Brunnenerfindungen zählt; das Reiterstandbild des Prinzregenten Luitpold in München (1903/13).

Hildebrands persönliche Ausstrahlung war weithin spürbar, z. B. in dem Werk des Münchner Bildhauers Bernhard Bleeker; auch in seinen treffenden schriftlichen Äußerungen, z. B. »Problem der Form in der bildenden Kunst«.

Er hat in seiner unmittelbaren Anschauungsweise den Süden nach dem Norden gebracht — nicht historisierend wie die Klassizisten. Mit Rodin gehört er zu den kraftvollen Bildhauerpersönlichkeiten um die Jahrhundertwende.

Aufnahme in den Orden 1891.

A. Hildebrand.

Vatroslav von JAGIĆ

Slavist

Geboren am 6. Juli 1838 in Warasdin (Kroatien).

Gestorben am 5. August 1923 in Wien.

Jagić hörte als Student der klassischen Philologie in Wien (1856–60) auch slavistische Vorlesungen bei Miklosich (⊛ 1869). Gymnasiallehrer in Agram bis zu seiner aus politischen Gründen erfolgten Entlassung 1871. Beteiligung an der Gründung der Südslavischen Akademie der Wissenschaften 1866. Noch 1871 Promotion mit einer slavistischen Dissertation in Leipzig und Berufung als vergleichender Sprachwissenschaftler nach Odessa; 1874 als Slavist nach Berlin, 1880 nach St. Petersburg (Leningrad), 1886 als Nachfolger von Miklosich nach Wien. 1908 Nobilitierung und Übertritt in den Ruhestand. Hofrat. Mitglied des Herrenhauses.

Einer der hervorragendsten und vielseitigsten Vertreter der Slavistik. In der Mitte seiner Forschungen stand das Altkirchenslavische, dessen mazedonisch-bulgarische Herkunft er vertrat: »Entstehungsgeschichte der kirchenslavischen Sprache« 1900, 2. Aufl. 1913. Außerordentlich reiche Tätigkeit als Herausgeber von Texten, besonders solchen der glagolitischen und der cyrillischen Literatur der Kroaten und Serben, sowie der dalmatinisch-ragusanischen Renaissance-Literatur. Schrieb die »Geschichte der slavischen Philologie« 1910, begründete 1876 und redigierte durch 45 Jahre das in der europäischen Slavistik führende »Archiv für slavische Philologie«.

Aufnahme in den Orden am 17. August 1891.

V. Jagić

Johan Hendrik Caspar KERN

Indologe und Sprachforscher

Geboren am 6. April 1833 in Poerworedjo auf Java.

Gestorben am 4. Juli 1917 in Utrecht.

Als Sohn eines Offiziers der Niederländisch-Indischen Armee auf Java kam Kern mit sieben Jahren nach Holland. Er begann 1850 seine Studien in Utrecht und setzte sie ein Jahr darauf mit der besonderen Abstellung auf Sanskrit in Leiden fort, wo er 1855 promovierte. Nach der Promotion Fortsetzung der Sanskritstudien bei Albrecht Weber (⚙ 1897) in Berlin. 1858 Professor am Kgl. Athenäum in Maastricht; gab diese Stellung nach einem Aufenthalte in London (1861), wo er die Manuskripte der Varahamihira bearbeitete, auf; 1863 Professor für Sanskrit am Queen's College in Benares, 1865 auf den neugeschaffenen Lehrstuhl für Sanskrit in Leiden berufen, wo er bis 1903 wirkte.

Kern hat in Leiden eine angesehene Schule für die Erforschung des Sanskrit begründet. Seine zahlreichen Veröffentlichungen, die auch der indonesischen Sprache galten, waren zu einem Großteil der Geschichte und Literatur des Buddhismus gewidmet. Hauptwerke: »Geschiedenis van het Buddhisme in Indie« (1882–1884), ins Deutsche und Französische übersetzt; »Manual of Indian Buddhisme« (1896).

Aufnahme in den Orden 1891.

H. Kern

Sir Austen Henry LAYARD

Archäologe und Diplomat

Geboren am 5. März 1817 in Paris.

Gestorben am 5. Juli 1894 in London.

Im diplomatischen Dienst in der Türkei und in Madrid, zeitweise Unterstaatssekretär im Foreign Office in London.

Ausgräber von Niniveh und zahlreicher anderer Ruinenstätten im nördlichen und südlichen Zweistromland, außerordentlich erfolgreicher Forschungsreisender in Ostanatolien, Persien und Mesopotamien. Der eigentliche Wiederentdecker der assyrischen Kunst und Kultur. Unter seinen zahlreichen Veröffentlichungen ragt das zweibändige Werk »Niniveh and its Remains« hervor, in dem die großen Schöpfungen der assyrischen Kunst zum ersten Mal bekanntgemacht wurden. Die von ihm entdeckten assyrischen Skulpturen übten nach ihrer Aufstellung im Britischen Museum in London eine sehr starke Wirkung auf die Öffentlichkeit aus.

Aufnahme in den Orden am 31. Mai 1891.

Anton Grigorjewitsch RUBINSTEIN

Tonkünstler

Geboren am 16. (28.) November 1829 in Wechwotynez (Wolhynien).

Gestorben am 8. (20.) November 1894 in Peterhof bei St. Petersburg.

1858 Hofpianist und Dirigent der Hofkapelle. Leiter der Petersburger Russischen Musikgesellschaft (1859). 1862 gründete er mit dem Kaiserlichen Konservatorium von St. Petersburg das erste russische Konservatorium, dessen Direktion bis 1867 und wieder 1887–90 in seinen Händen lag. 1871–72 Dirigent der Wiener Gesellschaftskonzerte. Kaiserlich russischer Wirklicher Staatsrat.

Anton Rubinstein war ein erfolgreicher, an die deutsche Romantik anknüpfender Komponist und Dirigent. Vor allem aber hatte er große Wirkung als überragender Pianist. Sein Spiel und seine Interpretationen waren richtungweisend, ebenso seine – auch schriftlich niedergelegten – musikerzieherischen Konzeptionen.

Aufnahme in den Orden am 31. Mai 1891.

Adrian Friedrich Wilhelm Julius Ludwig Verdy du VERNOIS

Kriegswissenschaftler

Geboren am 19. Juli 1832 in Freistadt (Schlesien).

Gestorben am 30. September 1910 in Stockholm.

Er stammte aus einer Hugenottenfamilie. 1863–65 preußischer Hauptmann beim Stab des russischen Oberbefehlshabers in Polen. 1866 Major im Generalstab des Kronprinzen, 1876 Abteilungschef im großen Generalstab, 1879 als Generalmajor Direktor des allgemeinen Kriegsdepartements im preußischen Kriegsministerium, 1887 Gouverneur von Straßburg, 1889–90 Kriegsminister, General der Infanterie.

Er veröffentlichte »Studien über Truppenführung«. (3 Teile, 1874 bis 1899), »Kriegsgeschichtliche Studien nach der applikatorischen Methode« (1. Heft: Schlacht von Custozza 1876), »Studie über den Krieg auf Grundlage des deutsch-französischen Krieges« (1891–92), »Im großen Hauptquartier« (1870/71).

»Persönliche Erinnerungen« (3. Auflage 1895), »Im Hauptquartier der zweiten Armee 1866« (1900), »Im Hauptquartier der russischen Armee in Polen 1863–65« (1905).

Aufnahme in den Orden 1891.

Julius von Verdy du Vernois

Pasquale VILLARI

Historiker und Politiker

Geboren am 3. Oktober 1826 in Neapel.

Gestorben am 17. Dezember 1917 in Florenz.

In Neapel aufgewachsen mußte Villari 1848 seine Heimatstadt wegen seiner Beteiligung am neapolitanischen Aufstand verlassen. 1849 schon war aus seiner Feder eine Einführung zur italienischen Geschichte vom Beginn der Republiken des Mittelalters bis zur Reform Savonarolas erschienen. Die folgenden Jahre widmete er in florentinischen Archiven den Vorarbeiten für sein zweibändiges Werk »Storia di Girolamo Savonarola e dei sui tempi«, das in den Jahren 1859–61 erschien. Von 1859–1865 lehrte er Geschichte an der Universität Pisa, von 1865–1913 am Istituto Superiore in Florenz.

In den Jahren 1870–76 war er politisch tätig als Parlamentsabgeordneter und noch einmal in den Jahren 1880–1882. In der Hauptsache aber beschäftigte er sich mit der Edition seines vor allem berühmt gewordenen dreibändigen Werkes »Niccolò Macchiavelli e i suoi tempi«, das er 1882 zum Abschluß brachte. Noch einmal als Politiker aktiv (als Senator 1884 und 1891 als Kultusminister im 1. Kabinett Rudini) widmete er sich danach wieder ganz seiner literarischen Tätigkeit. So veröffentlichte er 1893/94 2 Bände mit dem Titel »I primi due secoli della storia di Firenze«, 1901 das Buch »Le invasione barbariche in Italia« und 1910 das Werk »L'Italia da Carlo Magno al Arrigo«. Daneben erschienen noch zahlreiche Aufsätze, in denen Villari sich besonders auch mit sozialen Problemen beschäftigte.

Aufnahme in den Orden 1891.

P. Villari

Arthur Julius Georg Friedrich von AUWERS

Astronom

Geboren am 12. September 1838 in Göttingen.

Gestorben am 24. Januar 1915 in Berlin.

Nach dem Studium in Göttingen und Königsberg arbeitete Auwers einige Jahre bei Hansen (⊕ 1866) in Gotha, wurde 1866 als Astronom und Mitglied der Preußischen Akademie der Wissenschaften nach Berlin berufen und blieb in dieser Stellung bis zu seinem Tode.

Seine Tätigkeit lag ganz auf dem Gebiete der Besselschen (⊕ 1842) Astronomie. Auwers hat die deutschen Expeditionen zur Beobachtung der Venusdurchgänge 1874 und 1882 organisiert und die Bearbeitung des gesamten Beobachtungsmaterials durchgeführt. Er war Leiter des Sternkatalog-Unternehmens der Astronomischen Gesellschaft und Schöpfer des ersten Fundamentalkatalogs des Berliner Jahrbuchs, sowie Inaugurator der »Geschichte des Fixsternhimmels«, eines Unternehmens der Berliner Akademie.

Aufnahme in den Orden 1892; 1903: Vizekanzler; 1905: Kanzler des Ordens.

A. Auwers

Benjamin Apthorp GOULD

Astronom

Geboren am 27. September 1824 in Boston/Mass. (USA).

Gestorben am 26. November 1896 in Cambridge/Mass.

Er setzte sein in Harvard begonnenes Studium nach kurzer Tätigkeit als Mathematiklehrer in Boston in Europa fort (1845—1848), vornehmlich in Berlin und Göttingen, war anschließend Assistent des U.S. Coast Survey (1852—1867) und Leiter des Dudley Observatoriums in Albany (1855—1859).

Seine erste allgemein anerkannte Leistung war die Gründung des »Astronomical Journal«. Seine eigentliche Lebensaufgabe fand er mit der Übersiedlung nach Südamerika (1870), wo er in Cordoba eine Sternwarte einrichtete. Dort hat er die von Bessel (✠ 1842) und Argelander (✠ 1874) am nördlichen Himmel ausgeführten Zonenbeobachtungen auf den Südhimmel ausgedehnt. Die Uranometria Argentina (1879), ein Zonenkatalog (1884) und der Argentinische Generalkatalog (1886) sind das reiche Ergebnis einer 15jährigen Tätigkeit. Daneben hat Gould zahlreiche photographische Aufnahmen von Sternhaufen, Doppelsternen und Sternen mit großer Eigenbewegung angefertigt, mit deren Bearbeitung er nach der Rückkehr nach Cambridge (1885) bis an sein Lebensende beschäftigt war.

Aufnahme in den Orden 1892.

B. A. Gould

Sir John Everett MILLAIS

Maler

Geboren am 8. Juni 1829 in Southampton.

Gestorben am 13. August 1896 in London.

Nach früher Ausbildung in London stellte Millais mit 17 Jahren (1846) sein erstes Gemälde »Gefangennahme des Inka durch Pizzaro« aus; 1847 erste Goldmedaille.

Mit Rosetti und Hunt Gründer der präraffaelitischen Bruderschaft, die sich gegen die klassizistische routinierte Malerei der Akademien wandte und Reform der Kunst unter Anschluß an die Malerei vor Raffael (des Quattrocento wie Fra Angelico) erstrebte.

Besonders bekannt, aber auch umstritten sein 1850 geschaffenes Bild »Christ in the house of his parents«. Auch als Zeichner für den Holzschnitt ist Millais bekannt, ebenso als Porträtist und Landschaftsmaler.

1885 geadelt; 1896 Präsident der Royal Academy in London als Nachfolger Sir Frederick Leightons (✠ 1888).

Aufnahme in den Orden am 31. Mai 1892.

Friedrich August KEKULÉ von STRADONITZ

Chemiker

Geboren am 7. September 1829 in Darmstadt.

Gestorben am 13. Juli 1896 in Poppelsdorf bei Bonn.

Professor der Chemie an den Universitäten Gent (1858–1867) und Bonn (1867–1896).

August Kekulé, begabt mit einer architektonisch schöpferischen Phantasie, ist einer der genialen Begründer der modernen Chemie des 19. Jahrhunderts. Seine Einblicke in den strukturellen Aufbau der Kohlenstoffverbindungen führten zur Neuordnung der gesamten organischen Chemie und trugen entscheidend zur Entwicklung der chemischen Industrie bei.

Kekulé war Schüler von Liebig (✤ 1851) in Gießen, von Dumas (◎ 1855), Wurtz und Gerhardt in Paris und gewann Anregungen durch Stenhouse und Williamson in London. Kurz nach seiner Habilitation in Heidelberg (1856) erregte er bereits Aufsehen durch die Untersuchung des Knallquecksilbers, aus der sich seine bedeutendsten Leistungen in rascher Folge entwickelten: 1857 begründete Kekulé die Lehre von der Vierwertigkeit des Kohlenstoffatoms und dessen Fähigkeit, sich mit sich selbst zu verbinden; damit schuf er die Basis der modernen Strukturchemie. 1865 erschienen seine Vorstellungen über die Sechsringstruktur des Benzols. Die »Kekulésche Benzolformel« bildet das strukturelle Grundelement aller aromatischen Kohlenstoffverbindungen und wurde zu einem Wahrzeichen der modernen organischen Chemie.

Aufnahme in den Orden am 31. Mai 1893.

Aug. Kekulé

August KUNDT

Physiker

Geboren am 18. November 1839 in Schwerin.

Gestorben am 21. Mai 1894 in Israelsdorf bei Lübeck.

Professor Eidgenössische Technische Hochschule Zürich 1868, Würzburg 1870, Straßburg 1872, Berlin 1888–1894.

Hervorragende Leistungen: »Kundtsche Staubfiguren« zur Messung der Schallgeschwindigkeit in festen Körpern, Gasen und Dämpfen, daraus Bestimmung des Verhältnisses der spezifischen Wärmen bei konstantem Druck und konstantem Volumen; Einatomigkeit des Quecksilberdampfes. Kundtsche Methode der gekreuzten Prismen: Zusammenhang von anomaler Dispersion mit Absorption in fester und flüssiger Materie und (1880) in leuchtenden Gasen. Elektrooptische Effekte.

Seine Vorlesungen über Experimentalphysik (im Druck posthum veröffentlicht 1903) wurden für Jahrzehnte das Muster für die »Große Vorlesung« an den Hochschulen.

Aufnahme in den Orden am 31. Mai 1893.

Sven Ludvig LOVÉN

Zoologe

Geboren am 9. Januar 1809 in Stockholm.

Gestorben am 4. September 1895 in Karlsborg.

Sohn eines reichen Reeders, genoß sorgfältigste Erziehung, beherrschte viele Sprachen. Promovierte 1829 in Lund, arbeitete dann unter Ehrenberg (✠ 1842) in Berlin, Dozent 1831 in Lund, 1840 in Stockholm, gründete die erste marinebiologische Station in Kristineberg, entdeckte an Hydriodpolypen das Prinzip des Generationswechsels und schuf damit die Grundlage für die Arbeiten J. J. S. Steenstrups (✠ 1877), auch entdeckte er den einzigen cladoceren Krebs des Meeres, Evadne. 1836/37 leitete er die erste Spitzbergen-Expedition. 1841 wurde er Intendant an der Abteilung für Wirbellose Tiere des Stockholmer Reichsmuseums.

Seine wichtigsten Ergebnisse liegen auf dem Gebiet der Entwicklungsgeschichte wirbelloser Tiere und bilden die Grundlage der Trochophora-Theorie Hatscheks. Sein großer Überblick über die Zusammensetzung der Nordseefauna und seine evolutionistische Fragestellung gestatteten ihm Einblicke in die ökologischen und tiergeographischen Veränderungen der Nordsee seit der letzten Eiszeit. Auch durch seine vergleichenden Untersuchungen von Nordsee, Ostsee und Binnenseen wirkte er bahnbrechend für die Ökologie. Er war einer der frühen Mitkämpfer Darwin's (✠ 1868) und Huxley's.

Aufnahme in den Orden 1893.

S. Lovén

Ludwig Johann PASSINI

Maler

Geboren am 9. Juli 1832 in Wien.

Gestorben am 6. November 1903 in Venedig.

Zunächst Schüler seines Vaters, des Kupferstechers Johann Nepomuk Passini; weitergebildet in Wien unter Führich und Kupelwieser, dann in Venedig als Meisterschüler des Aquarellmalers Carl Werner. Ab 1855 in Rom, arbeitete Passini selbständig und mit großem Erfolg; besonders in Deutschland geschätzt. 1864 heiratete er eine Enkelin Mendelssohns (✠ 1842) und übersiedelte nach Berlin, hielt aber die Verbindung zu Rom und Venedig, das ihm nach dem Tode seiner Frau zur zweiten Heimat wurde.

Von seinen zahlreichen farbenfrohen Arbeiten – vorwiegend Aquarelle – sind besonders bekannt geworden »Die Chorherren im Kirchengestühl« (1870), »Die Prozession« (1874), »Kürbisverkäufer in Chioggia« (1876).

Auch als Porträtist geschätzt, vor allem in seiner späteren Zeit.

Aufnahme in den Orden am 24. Januar 1893.

1893

Eduard Friedrich Wilhelm PFLÜGER

Physiologe

Geboren am 7. Juni 1829 in Hanau a. M.

Gestorben am 16. März 1910 in Bonn.

Pflüger studierte Medizin in Marburg und Berlin, war Schüler von Du Bois-Reymond (✠ 1877). 1858 Privatdozent der Physiologie in Berlin; 1859 bis zu seinem Lebensende Ordinarius der Physiologie in Bonn.

Seine Hauptbeiträge betreffen die Physiologie des Nervensystems, der Blutgase, der Verbrennungsvorgänge in lebenden Organismen und des Eiweiß- und Kohlenhydratstoffwechsels.

Pflüger war Gründer und langjähriger Herausgeber der einflußreichen Zeitschrift »Archiv für die gesamte Physiologie des Menschen und der Tiere«. Seine kritischen Kommentare in dieser Zeitschrift waren oft von ungewöhnlicher Schärfe.

Aufnahme in den Orden 1893.

Eduard Pflüger

Jakob Georg AGARDH

Botaniker

Geboren am 8. Dezember 1813 in Lund (Schweden).

Gestorben am 17. Januar 1901 in Lund.

Sohn des Botanikers und Bischofs von Karlstadt Karl Adolf Agardh. 1854–1879 Professor in Lund und Direktor des Botanischen Gartens. Zahlreiche Arbeiten über botanische Systematik.

Erforschung der Phanerogamen und Kryptogamen, besonders der Seealgen (»Algae Maris Mediterranei et Adriatici« 1842). Hauptwerk: »Species, Genera et Ordines Algorum« (6 Bände 1848–1901).

Systematiker und Idealist, Verteidiger von Linné, Gegner aller Entwicklungslehren.

Aufnahme in den Orden am 24. Januar 1894.

Alfred Ritter von ARNETH

Historiker

Geboren am 10. Juli 1819 in Wien.

Gestorben am 30. Juli 1897 in Wien.

1841 Beamter am Haus-, Hof- und Staatsarchiv in Wien. 1848 Abgeordneter der Nationalversammlung in Frankfurt (großdeutscher Liberaler). Seit 1864 Mitglied der historischen Kommission der bayerischen Akademie der Wissenschaften. 1868 Direktor des Haus-, Hof- und Staatsarchivs. 1869 Vizepräsident, 1897 Präsident der österreichischen Akademie der Wissenschaften. 1861 Mitglied des österreichischen Landtages, 1869 des Herrenhauses.

1864 erschien seine Biographie über »Prinz Eugen von Savoyen« (3 Bde.); 1863–79 »Geschichte der Maria Theresia« (10 Bde.). Er gab die Briefe von Maria Theresia, Marie Antoinette und Josef II. heraus. Sein wissenschaftlicher Hauptverdienst lag in der Verwaltung und Herausgabe archivarischer Quellen.

Aufnahme in den Orden am 17. August 1894.

Alfred v. Arneth

1895

Adolf Johann Friedrich Wilhelm Ritter von BAEYER

Chemiker

Geboren am 31. Oktober 1835 in Berlin.

Gestorben am 20. August 1917 in Starnberg (Oberbayern).

Professor für Chemie an den Universitäten Straßburg (1872—1875) und München (1875—1917).

Adolf von Baeyer war Schüler von Bunsen (✠ 1864) und Kekulé (✠ 1893). Er hat die organische Chemie durch zahlreiche neue Erkenntnisse und Entdeckungen bereichert und eine Schule begründet, aus der für Wissenschaft und Industrie bedeutende Nachwuchskräfte hervorgegangen sind; Baeyer trug durch seine Forschungen und Lehre wesentlich zum Aufbau der deutschen organisch-chemischen Industrie bei. Von seinen Arbeiten sind die Entdeckung der Phthaleinfarbstoffe (Fluorescein, Phenolphthalein, Eosin) und die Konstitutionsermittlung und Synthese des Indigoblaus besonders bekanntgeworden; ab 1897 konnte Indigo großtechnisch dargestellt werden. Frühe Studien über organische Arsenverbindungen schufen Voraussetzungen zum Ausbau der Chemie bedeutsamer Therapeutica dieser Stoffklasse, Untersuchungen über hydroaromatische Verbindungen und Terpene legten Grundlagen für stereochemische Gesetzmäßigkeiten (»Baeyersche Spannungstheorie«). Hinweise auf Studien über die Struktur des Benzols, über Pyrrol und Pyridinbasen, Nitrosoverbindungen, Peroxyde, Oxoniumverbindungen und über die basische Natur des Sauerstoffs und des Kohlenstoffs zeigen die außerordentliche Vielseitigkeit und Fruchtbarkeit seiner Forschungen, die 1905 mit dem Nobelpreis für Chemie ausgezeichnet wurden.

Aufnahme in den Orden am 24. Januar 1895.

Adolf Baeyer.

Michael Jan de GOEJE

Arabist

Geboren am 13. August 1836 in Dronrijp (Holland).

Gestorben am 17. Mai 1909 in Leiden.

de Goeje studierte erst Theologie, dann aber, weil er zum Predigeramt keine Neigung verspürte, Altertumswissenschaften. Sein Lehrer T. W. J. Juynboll führte ihn in die arabische Sprache und Literatur ein. Seit 1866 lehrte er an der Universität zu Leiden.

de Goeje hat Hervorragendes in der Herausgabe arabischer Texte geleistet, vor allem verdankt man ihm bedeutende Leistungen auf dem Gebiet der arabischen Geographie. Sein achtbändiges Werk »Bibliotheca Geographorum Arabicorum« gilt mit Recht noch heute als grundlegend, ebenso de Goeje's Ausgabe der Annalen des Tabari, Akhbār al-Rusul w-al-Mulūk, in fünfzehn Bänden.

Aufnahme in den Orden am 31. Mai 1895.

Jacobus Hendricus van't HOFF

Chemiker

Geboren am 30. August 1852 in Rotterdam.

Gestorben am 1. März 1911 in Berlin.

Professor der Chemie, Mineralogie und Geologie an der Universität Amsterdam (1878–96), Mitglied der Preußischen Akademie der Wissenschaften und o. Professor an der Universität Berlin (1896 bis 1911).

Van't Hoff, der erste Nobelpreisträger für Chemie (1901) und einer der Begründer der modernen physikalischen und mathematischen Chemie, gründete 1887 die »Zeitschrift für physikalische Chemie, Stöchiometrie und Verwandtschaftslehre«.

Schon mit 22 Jahren beginnt er mit der später berühmten Abhandlung »La Chemie dans l'espace«, in der er die räumliche Lagerung der Atome, das Tetraedermodell des Kohlenstoffatoms und den asymmetrischen Bau des mit vier verschiedenen Substituenten verbundenen Kohlenstoffatoms darlegt. Die van't Hoff-Le Bel'sche Theorie, Fundament der heutigen Stereochemie, deutet das Vorkommen von raumisomeren und optisch aktiven Verbindungen. Weitere Arbeiten: zur Chemischen Dynamik; Messung von Reaktionsgeschwindigkeiten; Theorien der verdünnten Lösungen; Anwendung des Boyle-Gay Lussac'schen (✠ 1842) Gesetzes auf den osmotischen Druck.

In den letzten Lebensjahren untersucht er die Bildungsverhältnisse der ozeanischen Salzablagerungen, insbesondere des Staßfurter Salzlagers.

Aufnahme in den Orden am 31. Mai 1895.

Friedrich IMHOOF-BLUMER

Numismatiker

Geboren am 11. Mai 1838 in Winterthur.

Gestorben am 26. April 1920 in Winterthur.

Imhoof-Blumer trat zunächst als Kaufmann und Fabrikant in das Geschäft seines Vaters ein. Doch beschäftigte er sich daneben von seiner Jugend an mit der Münzkunde, zuerst mit der schweizerischen, dann ab 1862 mit der antiken. Er wurde durch Begabung und Fleiß, aber ganz aus eigener Kraft rasch zu einem hervorragenden Kenner der griechischen und römischen Numismatik. 1870 gab er seinen kaufmännischen Beruf auf und widmete sich von da an ausschließlich numismatischen Studien. Ausgedehnte Reisen ermöglichten ihm den Erwerb einer großen Sammlung griechischer Münzen, die später in den Besitz der Staatlichen Museen zu Berlin überging.

Unter den zahlreichen Veröffentlichungen Imhoof-Blumer's ist die über »Griechische Münzen« besonders zu nennen. Sein zweibändiges Werk über »Kleinasiatische Münzen« mit der Vorlage von Prägungen aller kleinasiatischen Provinzen und Städte und mit eingehenden Untersuchungen über Ikonographie, Zeitrechnung und epigraphische Zeugnisse ist heute noch in vielem gültig.

Aufnahme in den Orden am 31. Mai 1895.

Giovanni Virginio SCHIAPARELLI

Astronom

Geboren am 14. März 1835 in Savigliano (Piemont).

Gestorben am 4. Juli 1910 in Mailand.

Nach mehrjährigem Studium in Berlin (1857—1860) und kurzer Tätigkeit als 2. Astronom an der Brera Sternwarte in Mailand wurde Schiaparelli 1862 zum Direktor dieser Sternwarte bestellt.

Sein Wirken als Beobachter wie als Theoretiker umfaßte einen bemerkenswert weiten Bereich der Astronomie und schließt historisch-astronomische Studien ein. Man verdankt ihm die Erkenntnis der kosmischen Identität von Kometen, Meteoren und Sternschnuppen und detaillierte Zeichnungen zur Topographie der Oberflächen der Planeten Merkur, Venus und Mars. Als Entdecker der »Marskanäle« hat er größte Berühmtheit erlangt und lange anhaltende Diskussionen über deren Natur und die eventuelle Existenz von Marsbewohnern ausgelöst.

Aufnahme in den Orden 1895.

G. V. Schiaparelli

Hermann Carl VOGEL

Astrophysiker

Geboren am 3. April 1841 in Leipzig.

Gestorben am 13. August 1907 in Berlin.

Vogel begann seine astronomische Laufbahn als Assistent an der Sternwarte in Leipzig, wo Zöllner ihn für die in ihren ersten Anfängen sich befindliche Astrophysik gewann und dem Kammerherrn v. Bülow als Leiter von dessen Privatsternwarte in Bothkamp bei Kiel empfahl (1870). Die dort durchgeführten spektroskopischen Arbeiten begründeten seinen frühen Ruhm und veranlaßten die preußische Regierung, ihm die Einrichtung und Ausgestaltung des neu gegründeten Astrophysikalischen Observatoriums zu Potsdam anzuvertrauen (1874), dessen erster Direktor er 1882 wurde.

Vogel ist fast auf allen Gebieten der jungen Astrophysik z. T. bahnbrechend tätig gewesen und galt neben Huggins als erste Autorität. Als seine bedeutendste Leistung dürfen die »Untersuchungen über die Eigenbewegung der Sterne im Visionsradius auf spektrographischem Weg« angesehen werden. Unter seiner Leitung hat das Astrophysikalische Observatorium zu Potsdam Weltruf erlangt.

Aufnahme in den Orden 1895.

H. C. Vogel.

Otto Eduard Leopold Fürst von BISMARCK

Staatsmann

Geboren am 1. April 1815 in Schönhausen (Altmark).

Gestorben am 30. Juli 1898 in Friedrichsruh bei Hamburg.

Nach juristischem Studium und Dienst als Regierungsreferendar schied Bismarck 1839 aus dem Staatsdienst aus, bewirtschaftete seine Familiengüter, war ehrenamtlicher Deichhauptmann und betrieb nebenher historische und staatswissenschaftliche Studien. Seine politische Laufbahn begann er als Parlamentarier. Als Redner der äußersten Rechten wurde er zur weithin wirkenden Figur, war preußischer Vertreter am Bundestag in Frankfurt (1851–59), Gesandter in Petersburg und Paris, bis ihn im Rahmen des preußischen Verfassungskonflikts Wilhelm I. am 8. Oktober 1862 zum Ministerpräsidenten und Minister des Auswärtigen berief. Für fast drei Jahrzehnte übernahm er nun die politische Führung Preußens und des Deutschen Reiches.

An den höchst bedeutsamen Ereignissen in dieser Zeit hatte Bismarck bestimmenden Anteil. Als erster Kanzler des kleindeutschen Reiches (1871) galt seine staatsmännische Bemühung der Stabilisierung des europäischen Mächtesystems und der innerdeutschen Gesellschaftsordnung.

Dem Politiker steht der Mann der Feder an Bedeutung kaum nach. Seine Briefe, seine diplomatischen Berichte, seine Denkschriften zeugen von dem Gedankenreichtum und der stilistischen Brillanz des Autors. Infolge grundsätzlichen Konflikts mit Wilhelm II. am 20. März 1890 aus dem Amt geschieden, verfaßte er seine Memoiren, als »Gedanken und Erinnerungen« 1898 in zwei Bänden veröffentlicht. Die Gesamtausgabe seiner »Werke« erschien in 14 Bänden (1924–35).

Aufnahme in den Orden am 24. Januar 1896.

Heinrich BRUNNER

Rechtsgelehrter

Geboren am 21. Juni 1840 in Wels/Oberösterreich.

Gestorben am 11. August 1915 in Bad Kissingen.

Nach Studienjahren in Wien, Göttingen und Berlin 1865 Privatdozent in Wien, seit 1866 Professor in Lemberg, 1870 in Prag, 1873 zunächst Straßburg, dann dauernd in Berlin; 1884 Mitglied der Preußischen Akademie der Wissenschaften, 1912 Mitglied des Preußischen Herrenhauses.

Brunner darf als Bahnbrecher der modernen, eigentlich historisch-kritischen Rechtsgermanistik gelten. Seine Untersuchungen zur Geschichte des französischen Prozesses und zur Entstehung des Schwurgerichts (1872) weiteten die deutsche Rechtsgeschichte zur europäischen; seine »Rechtsgeschichte der römischen und germanischen Urkunde« (1880) gewann entscheidenden Einfluß auf die Theorie der Urkunde bis hin zum modernen Wertpapierrecht und macht Brunner zum ersten Pionier der heute so ertragreichen Erforschung des spätantiken und frühmittelalterlichen Vulgarrechts.

Aufnahme in den Orden am 24. Januar 1896.

Heinrich Brunner.

Hermann GRIMM

Kunst- und Literaturhistoriker

Geboren am 6. Januar 1828 in Kassel.

Gestorben am 16. Juni 1901 in Berlin.

Sohn Wilhelm Grimms, vermählt mit Gisela von Arnim, der Tochter des Dichters. Seit 1873 Professor der Kunstgeschichte in Berlin.

Seine Künstler- und Dichterbiographien, das »Leben Michelangelos«, »Goethe«, das »Leben Raffaels«, bekennen sich entschieden zum Geist des Klassizismus, sind in vornehm stilisierter Sprache abgefaßt und gelten mit Recht als Muster monumentalischer Geschichtsschreibung. Marianne von Willemer gab sich ihm als Goethes Suleika und Verfasserin einiger Gedichte des »Westöstlichen Divan« zu erkennen, worüber er in einem seiner geistvollen Essais (»Goethe und Suleika«) berichtete.

Aufnahme in den Orden am 24. Januar 1896.

Herman Grimm

1896

Rudolf Albert von KÖLLIKER

Anatom

Geboren am 6. Juli 1817 in Zürich.

Gestorben am 2. November 1905 in Würzburg.

Kölliker studierte 1836–1842 Medizin und Naturwissenschaften in Zürich, Bonn, Berlin und Heidelberg. 1843–1845 Prosector in Zürich, daselbst Professor der Physiologie und vergleichenden Anatomie 1845–1847. Von 1847 bis 1897 Professor der Anatomie und Physiologie in Würzburg. Danach im Ruhestand.

Einer der führenden Histologen seiner Zeit, der grundlegend zur Beschreibung der Struktur vieler tierischer Gewebe beitrug. Sein »Handbuch der Gewebelehre« wurde in mehrere Sprachen übersetzt. Außerdem schuf er das erste größere systematische Werk der Entwicklungsgeschichte.

Aufnahme in den Orden 1896.

A. Kölliker.

Friedrich Wilhelm KOHLRAUSCH

Physiker

Geboren am 14. Oktober 1840 in Rinteln (Weser).

Gestorben am 17. Januar 1910 in Marburg.

Professor in Göttingen 1866, Darmstadt 1871, Würzburg 1875, Straßburg 1888. Präsident der Physikalisch-Technischen Reichsanstalt Berlin-Charlottenburg 1895–1905.

Hervorragende Leistungen: Elektrolytische Untersuchungen, u. a. Kohlrauschs Gesetz der unabhängigen Wanderung der Ionen; Entwicklung der physikalischen, besonders elektrischen Meßtechnik.

Der von ihm 1870 begründete »Leitfaden (später Lehrbuch) der praktischen Physik« (elfte Auflage letzter Band 1910) ist bis heute (Titel: Friedrich Kohlrausch Praktische Physik) das Standardwerk der experimentellen Methoden.

Aufnahme in den Orden 1896.

F. Kohlrausch

Alexander Onufrijewitsch KOWALEWSKIJ

Zoologe und Embryologe

Geboren am 19. November 1840 in Dünaburg.

Gestorben am 22. November 1901 in St. Petersburg.

Studium in Heidelberg und Tübingen; Studienreisen durch Mittelmeer, Suez, Algerien; Professor an der Universität St. Petersburg.

Neben Leuckart (✥ 1897), Lovén (✥ 1893) und Steenstrup (✥ 1877) war Kowalewskij einer der Ersten, die aus der Ontogenese des Embryos Rückschlüsse auf die Stammesgeschichte der Arten zogen. Er erkannte, daß die herrschende Einteilung des Tierreiches in Wirbellose und Wirbeltiere nicht den Verhältnissen natürlicher Verwandtschaft entsprach und zeigte, daß Manteltiere trotz ihrer festsitzenden Lebensweise den Chordatieren, dem Lanzettfischchen und damit den eigentlichen Wirbeltieren nahe verwandt sind. Er bearbeitete vergleichend die Entwicklungsgeschichte der beiden großen Tierstämme, der Protostomata und der Deuterostomata (bei der ersten wird – vereinfacht gesagt – der Mund der Gastrula zum Mund, bei den zweiten zum After) und zeigte nicht nur die grundsätzliche Verschiedenheit, sondern auch die Gemeinsamkeiten ihrer Baupläne, z. B. die Entstehung der Gewebe aus den verschiedenen Keimblättern, und leistete damit einen wesentlichen Beitrag zur Stammesgeschichte der Tiere. Er gründete die meeresbiologische Station in Sewastopol und lieferte gründliche Untersuchungen der Fauna des Schwarzen-, sowohl wie des Marmara-Meeres. Getragen von Begeisterung für die Evolutionslehre überarbeitete sich Kowalewskij ohne Rücksicht auf seine Gesundheit und starb mit 56 Jahren auf dem Höhepunkt seines Schaffens.

Aufnahme in den Orden 1896.

A. Kowalevsky

Johann Wilhelm HITTORF

Physiker

Geboren am 27. März 1824 in Bonn.

Gestorben am 28. November 1914 in Münster i. W.

Promotion (1846) mit einer mathematischen und Habilitation (1847) mit einer elektrochemischen Arbeit in Bonn, 1856 o. Professor für Physik und Chemie, ab 1877 nur für Physik an der Akademie in Münster i. W. Wegen Krankheit von 1889—1902 emeritiert, übernahm er nochmals die Professur.

Er war ein genialer Experimentator. Von seinen elektrochemischen Entdeckungen wurden die »Hittorfschen Überführungszahlen« grundlegend für die Theorie der Elektrolyse. In den Arbeiten über die elektrische Leitung in Gasen werden die »Sondenmethode« entwickelt, die Ionenleitung, die druck- und spannungsabhängigen Spektra der Gase und vor allem der »Glimmstrahl« (später Kathodenstrahl genannt) und dessen magnetische Ablenkung entdeckt (1869), welche entsprechend seiner Voraussage nach 30 Jahren zur Aufklärung des »elektrischen Stroms« mit J. J. Thomsons Entdeckung des Elektrons führte.

Aufnahme in den Orden am 24. Januar 1897.

Wilh. Hittorf

Rudolf LEUCKART

Zoologe

Geboren am 7. Oktober 1822 in Helmstedt, Braunschweig.

Gestorben am 6. Februar 1898 in Leipzig.

Angeregt durch seinen Onkel Friedrich Sigismund wandte er sich schon als Mittelschüler der Zoologie zu, sammelte systematisch Insekten, studierte in Göttingen ab 1841 Medizin, doktorierte 1845 mit einer preisgekrönten theratologischen (von Mißbildungen handelnden) Arbeit, die bemerkenswerte entwicklungsmechanische Fragestellungen enthält. 1855 habilitierte er sich für Zoologie und Physiologie mit einer Untersuchung, die viele spätere Erkenntnisse über die Beziehungen zwischen anatomischer Form und physiologischer Funktion vorwegnimmt. Auf Grund seiner großen Formenkenntnis mariner wirbelloser Tiere kritisierte er die damalige Systematik, löste den Begriff der Strahlentiere, Radiata, auf und definierte erstmalig den Stamm der Hohltiere, Coelenterata. 1855 wurde er als o. ö. Professor nach Gießen, 1869 nach Leipzig berufen, wo er ein großes Werk über die Parasiten des Menschen schrieb, das an Spezialkenntnissen über die Würmer (Helminthologie) das Wissen der meisten zeitgenössischen Zoologen übertraf.

Sein Werk »Anatomisch-physiologische Übersicht des Tierreiches« macht ihn zum Begründer der funktionellen Anatomie. Viele Begriffe, die dem Biologen heute selbstverständlich sind, wie parallele Anpassung, Polymorphismus, Arbeitsteilung, Parthenogenese u. a. m. wurden von Leuckart erstmalig definiert. Seine Ansätze zur kausalen Erklärung ontogenetischer Vorgänge, die schon in seiner Doktorarbeit anklingen, machen ihn zu einem Vorläufer der experimentellen Embryologie.

Aufnahme in den Orden am 31. Mai 1897.

Rudolf Leuckart.

Carl Gottfried NEUMANN

Mathematiker

Geboren am 7. Mai 1832 in Königsberg.

Gestorben am 27. März 1925 in Leipzig.

1850–55 Studium in Königsberg, 1856 dort Promotion; 1858 Privatdozent Halle, 1863 o. Professor in Basel, 1865 in Tübingen, 1868 in Leipzig, wo er zusammen mit Clebsch die »Mathematischen Annalen« gründet; 1911 dort emeritiert.

Unter dem Einfluß seines Vaters, des angesehenen mathematischen Physikers Franz Ernst Neumann (✠ 1860), hatte er besonderes Interesse für die Anwendungen der Mathematik in der Physik, wobei er wichtige Ergebnisse über Potentialtheorie, Mechanik und Elektrodynamik gewann. In der reinen Mathematik sind Neumanns Arbeiten über konforme Abbildung, Abelsche Funktionen und trigonometrische Reihen von Bedeutung. Weitgehende Wirkung hatte sein Buch »Vorlesungen über Riemann's Theorie der Abelschen Integrale«, weil dadurch die neuartigen Gedanken Riemanns zuerst leichter verständlich gemacht wurden.

Aufnahme in den Orden 1897.

C. Neumann.

Francisco PRADILLA Y ORTIZ

Maler

Geboren am 24. Juli 1848 in Villanueva de Gállego (Aragonien).

Gestorben am 1. November 1921 in Madrid.

Erste Ausbildung in Zaragoza bei Mariano Pescador, dann in Madrid und — aufgrund eines Stipendiums — in Rom. Erste große Erfolge mit dem Bild »Johanna die Wahnsinnige« in Madrid, Paris, Wien (1878, 1882). Von 1881 bis 1883 Direktor der Spanischen Kunstakademie in Rom; 1897 wird er Direktor des Prado-Museums in Madrid.

Pradillas wirkungsvoll komponierte und technisch hervorragend gemalte Historienbilder z. B. »Übergabe Granadas«, »Der Seufzer des Mauren« finden weithin Anerkennung, ebenso seine Landschaftsgemälde. Er gilt zu seiner Zeit als beachtliche Erscheinung im zeitgenössischen Spanien und als geistiger Ahne auch der italienischen Malerei. Seine Gemälde werden u. a. in Madrid, in Köln, in Philadelphia und in Berlin erfolgreich ausgestellt.

Aufnahme in den Orden 1897.

William STUBBS

Historiker. Lord Bishop of Oxford.

Geboren am 21. Juni 1825 in Knaresborough.

Gestorben am 22. April 1901 in Guddesdon, nahe Oxford.

Nach theologischem Studium in Oxford wurde Stubbs 1850 Vikar. Aber mehr und mehr wandte er sich der Erforschung mittelalterlicher Geschichte zu. 1858 erschien seine erste wissenschaftliche Veröffentlichung »Registrum sacrum Anglicanum«. 1863 übertrug man ihm die Herausgabe der »Rolls Series«, einer Sammlung mittelalterlicher Chroniken, zu denen Stubbs die Einleitungen schrieb. 1866 nahm er einen Ruf als Professor der Geschichte nach Oxford an. Sein wissenschaftliches Hauptwerk wurde die »Constitutional History of England« (bis 1845 reichend, 1874–78 erschienen). Auch sie wie die Verfassungsgeschichte von Waitz mehr das Werk eines gelehrten Forschers als des darstellenden Historikers.

Erwähnt sei, daß Stubbs auch der deutschen frühmittelalterlichen Geschichte sein Interesse zuwandte. Aus seinem Nachlaß erschien 1908 ein Buch »Germany in the early Middle Ages« (476–1250).

Mit Übernahme des Bischofsamtes in Chester (1884) traten die historischen Studien in den Hintergrund. Die letzten 13 Jahre seines Lebens verbrachte Stubbs in weitgehender Zurückgezogenheit von wissenschaftlicher Arbeit als Lord Bishop of Oxford.

Aufnahme in den Orden am 24. Januar 1897.

William Stubbs.

Hermann USENER

Klassischer Philologe

Geboren am 23. Oktober 1834 in Weilburg/Lahn.

Gestorben am 21. Oktober 1905 in Bonn.

Usener studierte in Heidelberg, München, Göttingen und Bonn, wo er bei Friedrich Ritschl 1858 promovierte. 1861 Berufung an Gymnasium und Universität in Bern, 1863 Greifswald, 1866 Bonn. 34jährige gemeinsame Lehrtätigkeit mit dem auf sein Betreiben nach Bonn berufenen Bücheler (✠ 1906).

Seine außerordentlich dichte Produktion liegt auf zwei Feldern: In München durch Spengel für das Studium der Rhetorik gewonnen, hat er neben zahlreichen Einzeluntersuchungen mit Radermacher den Dionysios von Halikarnas (2 Bde. 1899/1904) herausgegeben. In Bonn wandte er sich bald mythologischen Forschungen mit dem Ziel einer »Formenlehre des religiösen Denkens« zu. Hauptwerke: »Weihnachtsfest« (1889) und »Götternamen. Versuch einer Lehre von der religiösen Begriffsbildung« (1896), genial und problematisch. In der Metrik sucht er den Urvers: »Altgriechischer Versbau« (1886). Grundlegend die Fragmentsammlung »Epicurea« (1887).

Aufnahme in den Orden 1897.

Hermann Usener

Albrecht Friedrich WEBER

Orientalist

Geboren am 17. Februar 1825 in Breslau.

Gestorben am 30. November 1901 in Berlin.

Weber studierte in Breslau, dann in Bonn als Schüler von Christian Lassen (✠ 1857), später in Berlin, wo ihn Franz Bopp (✠ 1842) in die Indogermanistik einführte. Promotion in Breslau, Habilitation 1848 in Berlin für altindische Sprache und Literatur, 1856 außerordentlicher und 1867 ordentlicher Professor in Berlin, seit 1857 Mitglied der Preußischen Akademie der Wissenschaften.

Das Hauptarbeitsgebiet von Weber war die Indologie. Er veröffentlichte 1853 ein Verzeichnis der Sanskrithandschriften der Königlichen Bibliothek in Berlin, gründete die Zeitschrift »Indische Studien« (Zeitschrift für die Kunde des indischen Altertums) und erzielte mit seinem dreibändigen, großen Werk des »Weißen Yajurveda«, Hauptquelle für das altindische Opferzeremoniell eine bedeutende Wirkung.

Aufnahme in den Orden am 31. Mai 1897.

Johann Kaspar Julius FICKER von FELDHAUS

Historiker

Geboren am 30. April 1826 in Paderborn.

Gestorben am 10. Juli 1902 in Innsbruck.

Nach seiner Dissertation »Über den Versuch Kaiser Heinrich VI., Deutschland in ein Erbreich zu verwandeln« und nach seiner Studie über Rainald von Dassel wurde Ficker 1852 Professor für Geschichte an der Universität Innsbruck.

Seine wissenschaftliche Leistung liegt vor allem in der auf ungewöhnlich breites Urkundenmaterial gegründeten Erforschung des mittelalterlichen Verfassungslebens seit der späten Stauferzeit. Grundlegend in diesem Bereich sind seine Werke: »Vom Reichsfürstenstande« (2 Bde. 1861) und »Vom Heerschilde« (1862). Ferner veröffentlichte er 4 Bände »Forschungen zur Reichs- und Rechtsgeschichte Italiens« (1868—74) und eine Studie »Über das Eigentum des Reichs am Reichskirchengut« (1872).

Eine führende Rolle fiel Ficker 1861/62 in dem Streit um die Beurteilung der Italienpolitik und überhaupt des Charakters des mittelalterlichen Kaisertums zu. Gegenüber H. v. Sybel (✠ 1874) vertrat er den großdeutschen Standpunkt besonders in dem Buch: »Das deutsche Kaiserreich in seinen universalen und nationalen Beziehungen«.

Ficker war Mitglied der wissenschaftlichen Akademien in Wien, Berlin, München, Oslo und Rom; vom Kaiser von Österreich in den erblichen Adelsstand erhoben.

Aufnahme in den Orden am 17. August 1898.

Professor Dr Julius Ficker

Sir William Henry FLOWER

Naturforscher

Geboren am 30. November 1831 in Stratford-on-Avon.

Gestorben am 1. Juli 1899 in London.

1861 Kurator am Hunter Museum beim Royal College of Surgeons. 1864 Mitglied der Royal Society. 1870 Professor für vergleichende Anatomie und Physiologie am College of Surgeons. 1879 Präsident der Zoological Society. 1884 Direktor des Naturgeschichtlichen Museums im Britischen Museum.

1861 erschienen seine »Diagrams of the Nerves of the Human Body«. Regelmäßige Beiträge für die Proceedings und Transactions der Royal Society und Zoological Society. Galt als außergewöhnlich sorgfältiger und genauer Beobachter. Bereicherte die Sammlung des Naturgeschichtlichen Museums beträchtlich.

Aufnahme in den Orden am 31. Mai 1898.

W. H. Flower

Gustav Oskar August MONTELIUS

Archäologe

Geboren am 9. September 1843 in Stockholm.

Gestorben am 4. November 1921 in Stockholm.

Montelius war von 1863 an in verschiedenen wissenschaftlichen Institutionen Schwedens tätig, seit 1888 als Professor am Staatlichen Historischen Museum, von 1907 bis 1913 als Reichsantiquar.

So Bedeutendes er dabei bewirkt hat, liegt doch sein eigentliches, unvergängliches Verdienst in seinen Leistungen als Forscher. Montelius gehört zu den Begründern der Prähistorie als selbständiges Fach, ist wohl überhaupt der unter ihnen gewesen, von dem die stärkste Wirkung ausgegangen ist. Seine führende Stellung in der Vorgeschichtsforschung Nord- und Mitteleuropas war unbestritten. Das Buch »Tidsbestämning in om bronsåldern med särskilt afseende på Skandinavien« (1885) bot die erste klare Darstellung der von ihm geschaffenen sog. typologischen Methode an einem dafür besonders geeigneten Fundstoff und ihrer Verwertbarkeit für die relative und absolute Chronologie der vorgeschichtlichen Kulturen des Nordens. Montelius griff aber weit über diesen engeren Bereich hinaus. Die Beziehungen zwischen dem Süden und dem Norden der alten Welt in vorgeschichtlicher Zeit hat er in grundlegenden Untersuchungen aufzuhellen gesucht, sei es in zusammenfassender Form wie in seinen Büchern »Der Orient und Europa« und »Die ältesten Kulturperioden im Orient und in Europa«, sei es in großen, den gesamten Fundstoff ausbreitenden Werken wie das fünfbändige »La civilisation primitive en Italie depuis l'introduction des métaux« und »La Gréce préclassique«.

Aufnahme in den Orden am 24. Januar 1898.

Oscar Montelius.

Sir John MURRAY

Tiefseeforscher

Geboren am 3. März 1841 in Cobourg/Ontario USA.

Gestorben am 16. März 1914 in Kirkliston bei Edinburgh.

Sohn schottischer Einwanderer; studierte ab 1867 zunächst Medizin in Edinburgh, begann 1868 mit Tiefseeforschung in der Antarktis; nahm von 1872 bis 1876 an der »Challenger-Expedition« teil und gab von 1882 bis 1896 deren Berichte heraus. Am Observatorium in Ben Nevis (Schottland) und an der Marine-Station für wissenschaftliche Forschung in Edinburgh tätig, widmete er sich von 1882 bis 1910 der Erforschung der Schottischen Gewässer und des Nordatlantik.

Bedeutend sind seine Arbeiten zur Ozeanographie – besonders zur Erforschung der Foraminiferen und der Radiolarien als Organismen des Meeres –, zur Meteorologie und zur Geologie. Hauptwerke: »The Exploration of the Antarctic Region« (1886), »The Depth of the Ocean« (1912).

1898 geadelt.

Aufnahme in den Orden am 24. Januar 1898.

John Murray

1898

Simon SCHWENDENER

Botaniker

Geboren am 10. Februar 1829 in Buchs/Kanton St. Gallen.

Gestorben am 27. Mai 1919 in Berlin.

Professor in Basel (1867), Tübingen (1877), Berlin (1878–1910).

Er entdeckte, daß Flechten eine pflanzliche Symbiose zwischen Algen und Pilzen darstellen, und ist der Begründer der Pflanzenmechanik. Arbeiten zur Anatomie und Entwicklungsgeschichte der Pflanzen z. B. Blattstellung, Spaltöffnung, Winden der Pflanzen; Statische Gesetze der Gewebe im Pflanzenkörper.

Aufnahme in den Orden 1898.

S. Schwendener

Sir Hubert von HERKOMER

Maler und Graphiker

Geboren am 26. Mai 1849 in Waal bei Landsberg am Lech.

Gestorben am 31. März 1914 in Budleigh Salterton/Devonshire.

Sohn eines Holzschnitzers, der 1851 mit der Familie nach Nordamerika auswandert; 1857 beginnt Herkomer in Southampton die Kunstausbildung, die ihn nach München (1865) und nach London führt. Durch vielbeachtete Ausstellungserfolge in London (1872), Berlin (1878) und bei der Pariser Weltausstellung bekanntgeworden, eröffnet er 1883 in Bushey die sogenannte Herkomer-Schule und wird 1885 auf den Lehrstuhl der mit der Universität Oxford verbundenen Slade School berufen. In dieser Zeit erreicht er den Höhepunkt seines künstlerischen Schaffens.

Bekannte Werke: »Die letzte Musterung« (1875), »Dame in Weiß« – Bildnis der Miss Katherine Grant (1885), zahlreiche Porträts, darunter Richard Wagner (1877). Auch als Graphiker, vor allem durch seine Beiträge zur Zeitschrift »The Graphik« in seiner Frühzeit, angesehen, ebenso durch kunsthandwerkliche und kunsttheoretische Arbeiten.

1907 geadelt (Baronet).

Aufnahme in den Orden 1899.

Hubert Herkomer

1899

Joseph JOACHIM

Tonkünstler

Geboren am 28. Juli 1831 in Kitsee bei Preßburg.

Gestorben am 15. August 1907 in Berlin.

Bereits mit 15 Jahren Vizekonzertmeister im Gewandhausorchester in Leipzig; mit 16 Jahren Lehrer am Leipziger Konservatorium. 1849 Konzertmeister in Weimar, 1853 in Hannover. Ab 1868 Professor und Direktor der Hochschule für Musik in Berlin. 1869 Gründung der Joachim-Quartett-Vereinigung sowie Berufung in den Senat der Akademie der Künste; später auch deren Vizepräsident. Vorsitzender des Vereins Beethovenhaus Bonn.

Große Verdienste hat sich Joachim in seiner Tätigkeit als Leiter der Berliner Hochschule erworben. Als Solist sowie auch besonders als Leiter seines Quartetts machte er Epoche in der Geschichte der Interpretation von Kammermusik insbesondere Beethovens und Brahms (✠ 1887).

Er war Ehrendoktor der Universitäten Cambridge, Glasgow, Oxford und Göttingen.

Aufnahme in den Orden am 24. Januar 1899.

Joseph Joachim

Gustav von SCHMOLLER

Nationalökonom und Historiker

Geboren am 24. Juni 1838 in Heilbronn.

Gestorben am 27. Juni 1917 auf einer Reise in Bad Harzburg.

Nach Promotion in Tübingen Professor der Staatswissenschaft in Halle (1864) und Straßburg (1872). Im gleichen Jahr führend beteiligt an der Gründung des »Vereins für Sozialpolitik«, dem er bis 1890 vorstand. 1882 Berufung an die Berliner Universität, Mitglied des Preußischen Staatsrats, Vertreter der Berliner Universität im Herrenhaus (seit 1899).

Nach bedeutenden Einzelstudien (z. T. zusammengefaßt in einem Band »Charakterbilder«, 1898) u. nach sozialgeschichtlichen Monographien wie »Zur Geschichte des deutschen Kleingewerbes im 19. Jahrhundert« (1870) und über »Die Straßburger Tuch- und Weberzunft« (1879) trat Schmoller mit dem »Grundriß der allgemeinen Volkswirtschaftslehre« (2 Bde. 1900, 1904, 2. A. 1968) an die Spitze der jüngeren historischen Schule der Nationalökonomie. Er wurde ihr bedeutendster Vertreter im sogen. »Methodenstreit« im Widerspruch gegen die »deduktive« Forschungsweise des Österreichers Menger und sozialpolitisch als Kämpfer gegen das Manchestertum.

Schmoller wurde zugleich führend auf dem Gebiet der brandenburgisch-preußischen Verwaltungsgeschichte vornehmlich des 18. Jahrhunderts. Er begründete zusammen mit Otto Hintze die vielbändigen »Acta Borussica« (seit 1892) und schrieb selbst die Einleitung zur Abteilung »Behördenorganisation«.

Seit 1881 gab er das »Jahrbuch für Gesetzgebung, Verwaltung und Volkswirtschaft« (Schmollers Jahrbuch) heraus.

Aufnahme in den Orden 1899.

Gustav Schmoller

Max Joseph von PETTENKOFER

Hygieniker und Chemiker

Geboren am 3. Dezember 1818 in Lichtenheim
bei Neuburg (a.d. Donau).

Gestorben am 10. Februar 1901 in München.

Professor der Medizinischen Chemie (1852) und der Hygiene (1865 bis 1894) in München. Mitglied und Präsident (1889) der Bayerischen Akademie der Wissenschaften.

Pettenkofer ist der Begründer der wissenschaftlichen Hygiene in Forschung und Lehre. Sein 1878 eröffnetes Hygienisches Institut in München und das von ihm 1883 gegründete »Archiv für Hygiene« waren als erste ausschließlich der wissenschaftlichen Hygiene gewidmet. Seine vielseitigen Forschungen, z. B. über Ofen-, Luftheizung und Ventilation, über Kohlendioxydgehalt der Luft, über Verbreitung und Verhütung von Cholera und Typhus, über Grundwasser, Kanalisation und Unratabfuhr, begründeten seinen Ruhm als Hygieniker und waren bahnbrechned für die allgemeine Gesundheitspflege, für Vorbeugungseinrichtungen und Verbesserung aller hygienischen Zustände.

Zuvor hatte Pettenkofer als Technologe große Erfolge z. B. mit einem Regenerationsverfahren für Ölgemälde, mit dem Scheiden von Platin und Gold vom Silber, mit der Erzeugung von Leuchtgas aus Holz.

Die medizinische Chemie verdankt ihm Nachweismethoden für Galle, Zucker, Harnbestandteile und Arsen.

Aufnahme in den Orden am 24. Januar 1900.

ALBERT

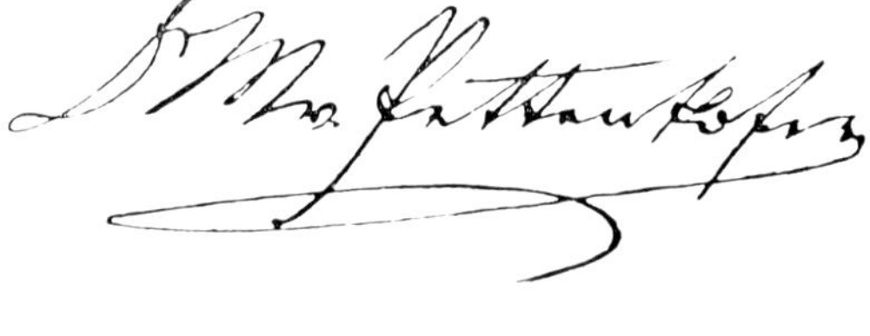

Charles-Camille SAINT-SAËNS

Komponist

Geboren am 9. Oktober 1835 in Paris.

Gestorben am 16. Dezember 1921 in Algier.

Bis 1877 bekleidete er Stellen als Organist und Klavierlehrer. Danach beruflich ungebundene Tätigkeit als Komponist, zugleich als Pianist, Organist, Dirigent, auch als Musikschriftsteller.

Er schrieb Kompositionen in nahezu allen Gattungen, darunter Symphonien, symphonische Dichtungen, Klavierkonzerte. Unter seinen Opern ist die berühmteste »Samson et Dalila« (Weimar 1877, Paris 1892). Universell musikalisch begabt und von breitester Bildung, ist er ein markanter Vertreter der klassizistischen Haltung in Frankreich. Persönlichkeit und Werk wurden wesentlich durch seine Beschäftigung mit geschichtlichen musikalischen Erscheinungen und fremden Musikkulturen mitgeprägt.

Mitglied des Institut de France (1881). Dr. h. c. der Universität Cambridge (1893).

Aufnahme in den Orden 1901.

Rudolf VIRCHOW

Pathologe

Geboren am 13. Oktober 1821 in Schievelbein (Pommern).

Gestorben am 5. September 1902 in Berlin.

Virchow studierte Medizin in Berlin an der Pepinière, der Ausbildungsstätte für Militärärzte. 1846 Prosektor am Pathologischen Institut der Berliner Charité. 1847 Habilitation. 1848 Untersuchung einer Fleckfieberepidemie in Oberschlesien im Auftrage der Regierung. Seine Kritik der hygienischen Unterlassungssünden der Regierung und seine Teilnahme an der Revolution von 1848 führten zu vorübergehender Entlassung, die ihn veranlaßte, 1849 einen Ruf als Ordinarius für pathologische Anatomie in Würzburg anzunehmen. 1859 kehrte er auf den Lehrstuhl der Pathologie nach Berlin zurück.

Führender Pathologe des 19. Jahrhunderts. Begründer der Zellularpathologie, d. h. der Lehre, daß Gewebezellen die Grundeinheit darstellen, deren Struktur und Funktion bei Krankheiten gestört ist. Abgesehen vom Unterricht und von seiner wissenschaftlichen Tätigkeit, die zu zahlreichen Entdeckungen über das Wesen vieler Krankheiten führte, fand er Zeit für Teilnahme an der Politik. Er war Mitglied des Berliner Stadtparlamentes (1859), des Preußischen Abgeordnetenhauses (1862) und später des Reichstages (1880). Er vertrat liberale Ideen und war Fürsprecher für soziale Reformen, besonders praktische Hygiene. Archäologie und Anthropologie gehörten zu seinen Forschungsgebieten von 1866 an.

Aufnahme in den Orden 1901.

Julius WELLHAUSEN

Historiker und Orientalist

Geboren am 17. Mai 1844 in Hameln.

Gestorben am 7. Januar 1918 in Göttingen.

Wellhausen studierte in Göttingen Hebräisch und Altes Testament, dann orientalische Sprachen, war Privatdozent für Alttestamentliche Wissenschaft, Professor in Greifswald, Halle, Marburg und Göttingen, wo er als Nachfolger Lagarde's von 1892 bis 1913 lehrte.

Als junger Gelehrter hat Wellhausen die Entwicklungsgeschichte der alttestamentlichen Literatur in völlig neuer Weise und in meisterhafter Sprache dargestellt. Von den orthodoxen Theologen wurde er heftig bekämpft, der englische Minister Gladstone schrieb ein Buch gegen ihn. Die »Wellhausensche Anschauung« setzte sich weithin durch. Die neuere Erforschung des vorderen Orients und literaturgeschichtliche Arbeiten am Alten Testament lassen zwar manches heute etwas anders erscheinen als bei Wellhausen, doch ist die ganze moderne alttesttamentliche Wissenschaft ohne ihn nicht zu denken.

Mit gleich hervorragendem Erfolg arbeitete Wellhausen am Neuen Testament, an der altarabischen Poesie, an der islamisch-arabischen Geschichtsschreibung und an der altarabischen Religionsgeschichte. Seine Bücher über »Reste arabischen Heidentums« und »Das arabische Reich und sein Sturz«, in dem Wellhausen den Maßstab historischer Kritik an die Überlieferungen der arabischen Chronistik legte, zählen zu den klassischen Werken der Islamkunde.

Aufnahme in den Orden 1901.

Prof. J. Wellhausen

Alexandre Emanuel AGASSIZ

Naturforscher, besonders Zoologe

Geboren am 17. Dezember 1835 in Neuchâtel.

Gestorben am 27. März 1910 an Bord der »Adriatic« auf hoher See.

1874–1885 Kurator am Harvard Museum of Comparative Zoology, 1902 Direktor des Museums.

Agassiz, Sohn des Louis Agassiz (✪ 1860), unternahm zahlreiche Forschungsreisen, so nach den amerikanischen Pazifikküsten von Kalifornien bis zu den Galapagos-Inseln, in den Raum der Bahamas und Bermudas, zur Großen Barriere von Australien, trieb Tiefseeforschung im Golfstromgebiet, untersuchte die Meeresverhältnisse zwischen San Francisco und den Marquesas und bereiste schließlich die großen Seen in Afrika.

Hauptwerk: »Revision of the Echini« (2 Bände).

Aufnahme in den Orden am 17. August 1902.

A. Agassiz

John LUBBOCK Lord AVEBURY

Naturforscher

Geboren am 30. April 1834 in London.

Gestorben am 28. Mai 1913 in Kingsgate Castle (Kent).

Vicechancellor der Universität London ab 1870.

Neben Ausbildung und Tätigkeit als Bankier im Bankhaus seines Vaters und neben langjähriger Aktivität als Politiker entfaltet er vielseitiges Wirken als Naturforscher mit eigenen Arbeiten und als Präsident naturwissenschaftlicher Gesellschaften. Seine von Charles Robert Darwin (⊛ 1868), einem Freund seines Vaters, beeinflußten biologischen, zoologischen und botanischen Forschungen befassen sich mit den Problemen der Entwicklung.

Bedeutende Arbeiten auf verschiedenen Gebieten: Reformen im Münz- und Bankwesen; Bank-Holiday-Act; Volksbibliotheken; Denkmalschutz-Act; Wissenschaftliche und populäre Bücher u. a. über Entomologie, Englische Flora, Entwicklungslehre, Prähistorie.

1900 geadelt.

Aufnahme in den Orden am 17. August 1902.

John Lubbock

Luigi Antonio Gaudenzio CREMONA

Mathematiker

Geboren am 7. Dezember 1830 in Pavia.

Gestorben am 10. Juni 1903 in Rom.

1857 Lehrer der Mathematik in Cremona und 1859 in Mailand; 1860 Professor für Geometrie an der Universität Bologna und 1866 in Mailand; 1873 Direktor der Technischen Hochschule in Rom.

Cremona hat in der Hauptsache über Geometrie gearbeitet und darin besonders in der Flächentheorie wichtige Entdeckungen gemacht. Wegen der von ihm geschaffenen Methoden in der algebraischen Geometrie ist die Theorie der rationalen Transformationen mit seinem Namen verknüpft. In Italien besaß er nicht nur in Fachkreisen großes Ansehen. Er wurde Senator sowie für kurze Zeit Unterrichtsminister und hatte dadurch Einfluß auf Reorganisation des mathematischen Lehrbetriebs an Schulen und Universitäten. Das Interesse an vorwiegend geometrischen Problemen wurde dann maßgebend bei den auf ihn folgenden italienischen Mathematikern.

Aufnahme in den Orden 1902.

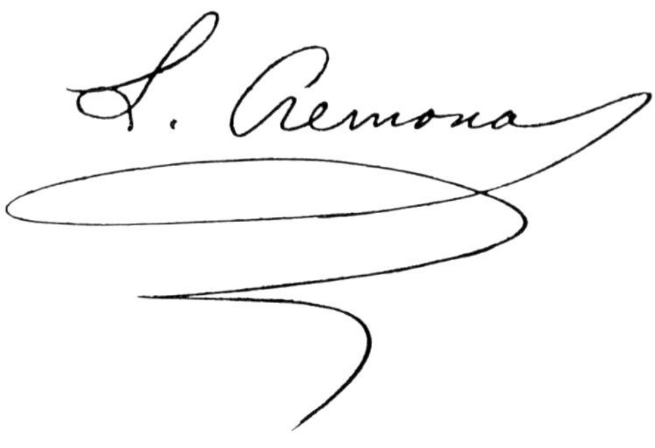
L. Cremona

Karl GEGENBAUR

Anatom

Geboren am 21. August 1826 in Würzburg.

Gestorben am 14. Juni 1903 in Heidelberg.

Gegenbaur studierte Medizin in Würzburg von 1845 an. Nach Assistenzzeit am Julius-Spital begann er mit Forschungen in vergleichender Anatomie. 1854 Habilitation für Anatomie und Physiologie, 1855 außerordentlicher, 1858 ordentlicher Professor der Anatomie in Jena. 1873—1901 Ordinarius für Anatomie in Heidelberg.

Führender vergleichender Anatom. Sein erstes größeres Werk über die vergleichende Anatomie der Wirbeltiere erschien 1859 zur selben Zeit wie Darwins (✪ 1868) Buch über die Entstehung der Arten und lieferte eine wichtige Unterstützung der Darwinschen Vorstellung. Er gehörte zu Darwins ersten Anhängern. Die von ihm vertretene vergleichend-anatomische Betrachtung (als Ergänzung der hergebrachten rein beschreibenden Anatomie) führte zu einem tieferen Verständnis der Zusammenhänge zwischen Struktur und Funktion der Organe.

Aufnahme in den Orden 1902.

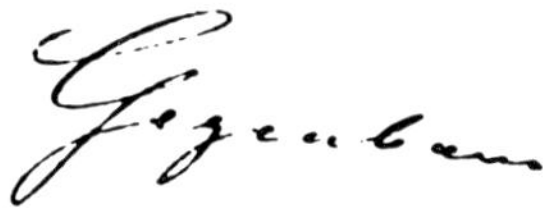

Adolf von HARNACK

Theologe und Kirchenhistoriker

Geboren am 7. Mai 1851 in Dorpat/Livland.

Gestorben am 10. Juni 1930 in Heidelberg.

Professor der Kirchengeschichte 1876 Leipzig, 1879 Gießen, 1886 Marburg und 1888 Berlin. 1890 Mitglied der Preuß. Akademie der Wissenschaften (philos.-hist. Klasse), deren Geschichte er verfaßte. Generaldirektor der Berliner Königl. Bibliothek (1906–1921). Präsident der Evangelisch-Sozialen Kongresse (1903–1911). Mitbegründer und 1. Präsident der Kaiser-Wilhelm-(heute: Max-Planck-)Gesellschaft seit 1911. Wirkl. Geh. Rat. 1914 geadelt. 1919 Mitwirkung bei der Gestaltung der Verfassung von Weimar.

Durch sein dreibändiges »Lehrbuch der Dogmengeschichte« gewann er schon in den achtziger Jahren internationalen Ruf und einen noch heute wirksamen Einfluß als Theologe. Durch die Mitbegründung und zeitweilige Herausgeberschaft der »Theologischen Literatur-Zeitung« sowie der heute noch bestehenden Reihe »Texte und Untersuchungen« festigte sich seine Geltung. Er ist Initiator der Kirchenväterkommission und der kritischen Ausgabe »Die griechischen christlichen Schriftsteller der ersten drei Jahrhunderte« (Corpus Berolinense). Bei vielseitigsten Interessen und Einflußnahmen in verschiedensten Bereichen blieb er doch Theologe, wurde aber gerade so einer der fruchtbarsten und bedeutendsten Organisatoren deutscher Wissenschaft in den letzten hundert Jahren.

Aufnahme in den Orden am 31. Mai 1902; am 5. Mai 1915: Vizekanzler; am 4. September 1920: Kanzler des Ordens. Erwirkte in der Weimarer Republik den Fortbestand des Ordens als »Freie Vereinigung von hervorragenden deutschen Gelehrten und Künstlern«.

Sir Joscph Dalton HOOKER

Botaniker

Geboren am 30. Juni 1817 in Halesworth (Suffolk).

Gestorben am 10. Dezember 1911 in Sunningdale (Berkshire).

1865 Director of Kew Royal Garden; 1873/78 Präsident der Royal Society.

Sohn des bekannten Botanikers Sir William Jackson Hooker; zunächst Mediziner; als Assistenzarzt Teilnahme an antarktischer Expedition unter Sir James Clark Ross. In den Jahren 1840—1851 zahlreiche Forschungsreisen nach Neuseeland, Australien, Tasmanien, Feuerland, Falkland-Inseln, Indien, später nach Nordafrika und den USA.

Hervorragende Arbeiten: Erstmalige Behandlung der Pflanzenentwicklung einzelner Gebiete auf Grund seiner jahrelangen Forschungsreisen: Flora Antarctica (1844/47), Flora Novae Zelandiae (1853/55), Flora Tasmanica (1855/60), Outlines of the Distribution of Arctic Plants (1862), Flora of British Isles (1870), Flora of British India (7 Bände 1872/97), Genera Plantorum (ein monumentales Werk mit G. Bentham 1862/83). Nach Bearbeitung von Darwins Galapagos-Sammlung (1846) nimmt er entscheidenden Einfluß auf Veröffentlichung von Darwins (✠ 1868) Werk.

Herausgeber des Index Kewensis der seit Linné eingeordneten Blütenpflanzen.

Aufnahme in den Orden am 31. Mai 1902.

Jos. D. Hooker

Karl JUSTI

Kunsthistoriker

Geboren am 2. August 1832 in Marburg.

Gestorben am 9. Dezember 1912 in Bonn.

Nach dem Studium der Theologie und der anschließenden Tätigkeit als Prediger studierte Justi Philosophie, schloß diese Studien mit der Promotion ab, wurde 1867 außerordentlicher, 1869 ordentlicher Professor in Marburg und 1871 in Kiel. Während dieser Zeit begann er sich jedoch mit der Kunstgeschichte zu beschäftigen. Er schuf vor allem eine dreibändige Winckelmann-Biographie — mit dem Titel »Winckelmann und seine Zeitgenossen« —, deren erste Auflage im Oktober 1872 erschienen ist. Der Rang und die Bedeutung dieses hervorragenden Werkes haben sich bis heute unvermindert behauptet. Noch im gleichen Jahr wurde Justi als Professor der neueren Kunstgeschichte nach Bonn berufen.

Zahlreiche Reisen in Italien, wo er sich zwei Jahre lang aufhielt, Frankreich, Spanien, Belgien, Holland und Rußland dienten seinen Studien.

Aufnahme in den Orden am 31. Mai 1902.

Carl Justi

Gaston Bruno Paulin PARIS

Romanist

Geboren 9. August 1839 in Avenay (Marne).

Gestorben 5. März 1903 in Cannes.

Nach altphilologischen Studien widmete er sich der Romanischen Philologie, über die er Vorlesungen bei Friedrich Diez (⚙ 1866) in Bonn hörte.

Bahnbrechend in der Erforschung der Literatur des französischen Mittelalters und in der Methode der Textkritik nachantiker Werke. Letztere erprobte er an einer Ausgabe der »Vie de Saint Alexis« (1872). Im gleichen Jahr gründete er die noch heute bestehende Zeitschrift »Romania«. Einen wesentlichen Fortschritt der französischen literarhistorischen Medievistik bedeutete sein zweibändiges Werk »La poésie du moyen-âge« (1885—1895); von ähnlichem Rang ist die daneben erschienene allgemeine Darstellung »La littérature française au moyen-âge« (1888). Seit 1895 war er Mitglied der Académie Française.

Aufnahme in den Orden am 17. August 1902.

Peter Petrowitsch von SEMJONOW-TIENSCHANSKI

Geograph

Geboren am 15. Januar 1827 in Urusowo (Gebiet Rjasan).

Gestorben am 11. März 1914 in St. Petersburg (Leningrad).

Schüler von Carl Ritter (✠ 1842), Heinrich Wilhelm Dove (✠ 1860) und Gustav Rose (✠ 1871). Semjonow begann 1856/58 die russische Hochasienforschung und bereiste die Dsungarei, den westlichen Altai und drang als erster in das Tien-schan-Gebirge ein, wonach er den Beinamen erhielt. Dabei entdeckte er den Oberlauf des in den Aral-See fließenden Syr-Darja, die Gebirgsgruppe des Tengri-Tag und den Chan-Tengri. Organisierte zahlreiche weitere Expeditionen nach Russisch-Asien; 1888 bereiste er Russisch-Turkestan.

Von 1864 bis 1880 war Semjonow Leiter des russischen statistischen Komitees und veranlaßte 1897 die erste russische Volkszählung.

Seine Reisen beschrieb er in »Petermanns Mitteilungen« und gab das »Geographisch-statistische Lexikon des Russischen Reiches« heraus (1863–85, 5 Bde.); sonstige Hauptwerke: Übersetzung von Carl Ritters »Asien« (1894 elf Bde.) und »Rossija«, eine geographische Beschreibung Rußlands (1904–14 10 Bde.).

Aufnahme in den Orden 1902.

Adolf MUSSAFIA

Romanist

Geboren am 23. Februar 1835 in Spalato (Dalmatien).

Gestorben am 7. Juni 1905 in Florenz.

Mussafia studierte zunächst vier Semester Medizin. Beschäftigte sich dann autodidaktisch mit der romanischen Philologie und knüpfte dabei an den Arbeiten von Friedrich Diez (✠ 1866) an, dessen bedeutendster und universalster Nachfolger er wurde. Von 1855 an lehrte er — seit 1867 als Ordinarius — an der Universität Wien romanische Sprachen und war, obwohl österreichischer Staatsangehöriger, Förderer der politischen Interessen Italiens. Sein wissenschaftliches Ansehen brachte ihm mehrere Rufe nach auswärtigen Universitäten ein, die er jedoch alle ablehnte, während er die Mitgliedschaft der Akademien von Wien, Berlin, Rom, Paris und Madrid akzeptierte.

Sein Arbeitsgebiet umfaßte alle Forschungsgebiete der romanischen Sprachen unter historischen Gesichtspunkten: Phonetik, Morphologie, Syntax, Dialektologie. Daneben beschäftigte ihn das mittelalterliche Legendengut Italiens. Unter seinen bald deutsch, bald italienisch geschriebenen Arbeiten ist die wichtigste: »Monumenti antichi dei dialetti italiani«, erschienen 1864.

Aufnahme in den Orden 1903.

Ad. Mussafia

John William STRUTT Lord RAYLEIGH

Physiker

Geboren am 12. November 1842 in Longford Grove (Essex).

Gestorben am 30. Juni 1919 in Witham (Essex).

Professor Cavendish Laboratory Cambridge 1879—1884, Professor of Natural Philosophy Royal Institution London 1887—1903, Chancellor of Cambridge University 1908—1919.

Hervorragende Leistungen: Wesentliche Beiträge für die Entwicklung fast aller Bereiche der Physik. Rayleighsches Gesetz 1874 (Streuung des Lichtes, Himmelsblau). Theory of Sound I. II. 1877/78 (Rayleighsche Scheibe, Richtungshören). Dimensions-Analysis. Theorie des Farbensehens; Entdeckung des ersten Edelgases Argon als Bestandteil der atmosphärischen Luft 1894 (bearbeitet mit W. Ramsey (✠ 1911).

1902 Order of Merit. 1904 Nobelpreis.

Aufnahme in den Orden 1903.

Rayleigh

Theodor Ritter von SICKEL

Historiker

Geboren am 18. Dezember 1826 in Aken (Sachsen).

Gestorben am 21. April 1908 in Meran.

Sickel studierte zuerst in Berlin und promovierte bei Heinrich Leo 1850 in Halle. Entscheidend war der Einfluß Karl Lachmanns auf ihn, bei dem er die Methoden der philologischen Quellenkritik kennenlernte. 1850–1852 bildete er sich in der Pariser École des Chartes weiter, um 1855 als Dozent für historische Hilfswissenschaften in Wien bestellt zu werden; 1857 übernahm er eine a. o. Professur am Institut für österreichische Geschichtsforschung, dessen Direktor er 1869 wurde und das er zur bedeutendsten Pflegestätte der historischen Hilfswissenschaften im deutschen Kulturgebiet ausbaute. 1890 wurde er Vorstand des auf seine Initiative begründeten Österreichischen Historischen Instituts in Rom. 1901 schied er aus dem aktiven Dienst.

Sickels größte und bleibende Leistung ist die Entwicklung einer auf paläographischen Kriterien aufbauenden Diplomatik und Urkundenlehre, die er selbst seiner bahnbrechenden Ausgabe der Königs- und Kaiserurkunden von Konrad I. bis zum Tod Ottos III. (911–1002) und einer Reihe anderer großer Editionen zugrunde legte.

Aufnahme in den Orden 1903.

Theodor Sickel

Hermann Emil FISCHER

Chemiker

Geboren am 9. Oktober 1852 in Euskirchen (Rheinland).

Gestorben am 15. Juli 1919 in Berlin.

Professor für Chemie an den Universitäten Erlangen (1882—1885), Würzburg (1885—1892) und Berlin (1892—1919).

Emil Fischer, Schüler Adolf von Baeyers (✠ 1895), hat als überragender Meister der Naturstoffchemie die Entwicklung der Chemie der Nucleinsäuren, der Zucker- und der Eiweißstoffe, denen seine bedeutendsten Untersuchungen galten, entscheidend beeinflußt. Neben Arbeiten in der Gruppe der Purine, der natürlichen Gerbstoffe und der Fette ermittelte er Konstitution und Konfiguration der einfachen Zucker und ihre Systematik. Fußend auf den Erkenntnissen von van't Hoff (✠ 1895) und Le Bel über den Bau der Kohlenstoffverbindungen wurde in synthetischer Methode Traubenzucker (Glukose) dargestellt. Mit der Reindarstellung, Konstitutionsermittlung und Synthese optisch aktiver Aminosäuren, der Bausteine der Eiweißstoffe, wurde die Grundlage für die Strukturermittlung der Proteine gelegt. In der Verknüpfung von Aminosäuren zu Peptiden erkannte er das Aufbauprinzip aller hochmolekularen Eiweißstoffe. So wurde Fischer zum Wegbereiter der Chemie polymerer Stoffe.

1902 Nobelpreis für Chemie.

Aufnahme in den Orden am 24. Januar 1904.

Prof. Emil Fischer.

François-Auguste Baron GEVAERT

Musikhistoriker und Komponist

Geboren am 31. Juli 1828 in Huysse bei Audenaerde.

Gestorben am 24. Dezember 1908 in Brüssel.

Schon mit 15 Jahren Klavierlehrer in Brüssel und Organist an der Jesuitenkirche. 1845—48 unterichtete er am Josephitenkolleg in Melle. 1867—70 Direktor für Gesang und Musik an der Pariser Oper. 1871—1908 Direktor des Königlichen Konservatoriums für Musik in Brüssel.

Während seiner Pariser Zeit, 1852—70, hatte er als Opernkomponist Erfolge. Er schrieb außerdem Chorwerke, Motetten, Messen, Kammermusik, Orgel- und Klaviermusik.

Als Direktor des Brüsseler Konservatoriums führte er einen eigenen Reformplan für ein Musikstudium auf breiterer Bildungsebene durch und gründete die Société des Concerts du Conservatoire, die sich die Aufführung und Vermittlung alter Musik zur Aufgabe machte.

Hervorragender Musikgelehrter. Wichtigste Titel: Histoire et théorie de la musique de l'antiquité; Les origines du chant liturgique de l'église latine; La mélopée antique dans le chant de l'église latine.

1871 Ernennung zum Hofkapellmeister des Königs der Belgier. 1907 wurde Gevaert geadelt (Baron).

Aufnahme in den Orden am 17. August 1904.

Adolf KIRCHHOFF

Klassischer Philologe

Geboren am 26. Januar 1826 in Berlin.

Gestorben am 27. Februar 1908 in Berlin.

Schüler von Boeckh (✠ 1842) und Lachmann. Nach seiner Promotion (Berlin 1846) 19 Jahre am Joachimsthalschen Gymnasium. 1865 als Nachfolger Boeckhs Ordinarius in Berlin. Geheimer Regierungsrat. Seit 1860 Mitglied der Preußischen Akademie der Wissenschaften.

Herausgeber von Aischylos, Euripides, Hesiod, Plotin. Wirkt weiter als Begründer einer analytischen Behandlung der Odyssee. Besondere Verdienste um die griechische Epigraphik: die christlichen griechischen Inschriften im Corpus Incriptionum Graecarum IV 2; eröffnet das große Inschriftenwerk der Preußischen Akademie 1873 mit dem 1. Band der attischen Inschriften. Grundlegende Studien zur Geschichte des griechischen Alphabets.

Aufnahme in den Orden am 24. Januar 1904.

Peter Ludwig Mejdell SYLOW

Mathematiker

Geboren am 12. Dezember 1832 in Kristiania.

Gestorben am 7. September 1918 in Kristiania.

1850—55 naturwissenschaftliche Studien in Kristiania, 1855 dort Lehrer; 1858—92 Oberlehrer in Frederikshald; 1861 Studienreise nach Berlin, Leipzig, Paris. 1872 Veröffentlichung der »Theorèmes sur les groupes de substitutions« mit dem später nach ihm benannten Satze; 1883 korrespondierendes Mitglied der Göttinger Gesellschaft der Wissenschaften; 1894 Dr. h. c. in Kopenhagen; 1892 bewilligt das norwegische Parlament für ihn eine a. o. Professur in Kristiania, in der er noch 20 Jahre lang tätig bleibt.

Sylow entstammte einer Offiziersfamilie und gewann durch seinen Vater Interesse an der Mathematik. Während seines Studiums wurden die Schriften von N. H. Abel von entscheidendem Einfluß auf sein gesamtes wissenschaftliches Werk. Trotz der Belastung durch wöchentlich 25 Stunden Schulunterricht und durch das Leben in einer kleinen Stadt ohne brauchbare Bibliothek verfaßte er dort eine Reihe von Arbeiten zur Theorie der algebraischen Gleichungen und der endlichen Gruppen, welche bei Fachleuten wie C. Jordan in Frankreich und G. Frobenius in Deutschland hohe Anerkennung fanden.

1873—81 machte Sylow eine neue und verbesserte Ausgabe von Abels Werken, war dann Mitherausgeber der Acta mathematica.

Aufnahme in den Orden 1904.

L Sylow

Graziadio Isaia ASCOLI

Forscher auf dem Gebiet der vergleichenden Sprachwissenschaft

Geboren am 16. Juli 1829 in Görz.

Gestorben am 21. Januar 1907 in Mailand.

Früh waren seine polyglotten Interessen erwacht (deutsch, venezianisch, italienisch und slowenisch). Als 17jähriger ließ er Studien über das Friaulische erscheinen (1846). 1852 übersiedelte er nach Italien, wo er im Verlauf vieler Jahre mehrere Arbeiten zum Italienischen hervorbrachte; in einer der späteren entwickelte er die erste wissenschaftliche Klassifikation der italienischen Dialekte (1882). Doch hatte er sich schon in seiner Jugend der Orientalistik zugewandt (Studi orientali e linguistici, 1855). In mehreren Publikationen beschäftigen ihn das Indische, das Türkische, das Hebräische, und dies neben fortdauernden, überwiegend phonetischen Studien zu den romanischen Sprachen, bei denen er die Reste des Keltischen aufdeckte – eine der frühesten Anwendungen der Substrattheorie –. Richtungweisend für seine komparatistische Methode war die deutsche Sprachwissenschaft, z. B. Franz Bopp (✠ 1842), mit seinem Werke »Vergleichende Grammatik ...« (1833 bis 1852).

1861 erhielt Ascoli den Lehrstuhl für vergleichende Grammatik und orientalische Sprachen an der Mailänder Akademie; es war der erste komparatistisch-linguistische Lehrstuhl in Italien. 1870 erschien seine »Vergleichende Phonologie des Sanskrits, des Griechischen und des Lateinischen«. 1873 gab er den ersten Band des »Archivio glottologico italiano« heraus, eine Serie, die er bis zum 15. Band redigierte.

Aufnahme in den Orden 1905.

G. I. Ascoli.

Franz Jacob von DEFREGGER

Maler

Geboren am 30. April 1835 auf dem Ederhof in Südtirol.

Gestorben am 2. Januar 1921 in München.

Von 1878 bis 1910 lehrte Defregger als Professor für Komposition an der Kunstakademie in München.

Unter Verkauf des ererbten und angestammten Bauernhofes ging Defregger seinen künstlerischen Neigungen nach, um ab 1860 zunächst in Innsbruck das Bildhauen, danach in München auf Rat von Piloty an der dortigen Kunstgewerbeschule, später an der Akademie das Malen und Zeichnen zu lernen. Nach einem Studium in Paris 1863/64 wurde er für mehrere Jahre Schüler und Mitarbeiter Pilotys.

Sein in dieser Zeit (1867) gemaltes erstes größeres Bild »Verwundeter Jäger«, zeigt bereits Sujet und Stil, die für ihn kennzeichnend sind: Szenen aus dem bäuerlich-historischen Milieu mit heimatlicher Berglandschaft in gefühlsreicher und idealisierender Darstellung und naturalistischer Malweise. Themen wie Manier, die beide dem Zeitgeschmack entsprachen, den wiederum er stark beeinflußte, verhalfen ihm zu großer Popularität. 1882 wurde ihm der persönliche Adel verliehen.

Aufnahme in den Orden am 17. August 1905.

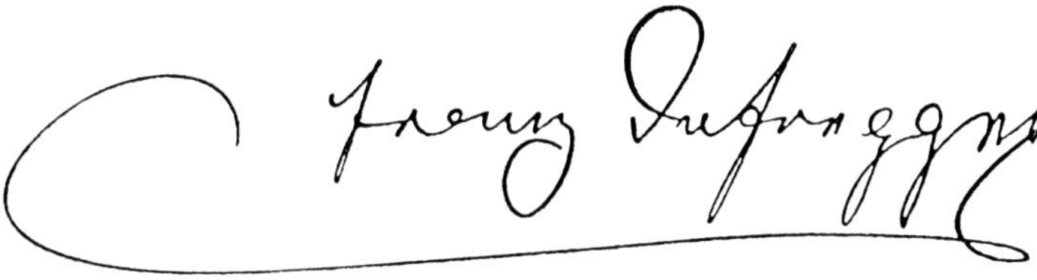
Franz Defregger

Simon NEWCOMB

Astronom

Geboren am 12. März 1835 in Wallace (Nova Scotia).

Gestorben am 11. Juli 1909 in Washington.

Newcomb hat sich aus bescheidenen Verhältnissen weitgehend als Autodidakt emporgearbeitet bis ihm 1857 als Gehilfen im Nautical Almanac Office an der Harvard University Gelegenheit geboten wurde zu systematischer wissenschaftlicher Arbeit. Er war reiner Theoretiker und hat als solcher grundlegende Untersuchungen über die Bewegung des Mondes und der Asteroiden angestellt und Tafeln der großen Planeten berechnet. Seine Diskussion der Messungen der Sonnenparallaxe und der Lichtgeschwindigkeit sowie der unerklärten Restglieder in der Störungstheorie der Planeten haben weltweite Beachtung gefunden. Daneben hat er sich um die Verbreitung astronomischen Wissens im weitesten Kreis große Verdienste erworben.

Seine »Popular Astronomy«, 1878 erschienen, 1881 ins Deutsche übersetzt, galt jahrzehntelang als Standardwerk.

Aufnahme in den Orden 1905.

Simon Newcomb

Franz BÜCHELER

Klassischer Philologe

Geboren am 3. Juni 1837 in Rheinberg (Niederrhein).

Gestorben am 3. Mai 1908 in Bonn.

Bücheler studierte in Bonn bei Ritschl, promovierte 1856. Habilitation in Bonn 1858, im selben Jahr a. o. Professor in Freiburg Br., 1862 dort o. Professor, 1866 nach Greifswald, 1870 als Nachfolger Otto Jahns auf Useners (✠ 1897) Betreiben nach Bonn. Geheimer Regierungsrat.

Bedeutende Ausgaben u. a. des Pervigilium Veneris 1859, des Petron 1862, des Rechtes von Gortyn 1885, des Herondas 1892. Meisterhaft seine Carmina Latina epigraphica 1895/1897. Profunder Kenner der Geschichte der lateinischen Sprache und der italienischen Dialekte. Bahnbrechend sein Grundriß der lateinischen Deklination 1866. Philosophiegeschichtlich wertvoll: Academicorum philosophorum index Herculanensis 1869. Beteiligt an der Gründung des Thesaurus linguae Latinae. Die 34 Jahre seiner Lehrtätigkeit gemeinsam mit Hermann Usener bezeichnen die Höhe der Bonner Schule.

Aufnahme in den Orden am 31. Mai 1906.

Leopold Victor DELISLE

Historiker

Geboren am 24. Oktober 1826 in Valognes (Manche).

Gestorben am 22. Juli 1910 in Chantilly.

Generaldirektor der Bibliothèque Nationale in Paris.

Nach Abschluß seines Studiums an der École des Chartes in Paris erhielt Delisle 1851 den angesehenen Prix Gobert mit seiner Arbeit »Études sur la condition de la classe agricole et l'état de l'agriculture en Normandie au Moyen Age«. Im Dezember 1857 wurde er Mitglied der Académie des Inscriptions et Belles-Lettres in Paris. Seit 1852 an der Manuskriptabteilung der Nationalbibliothek tätig, stieg er 1871 zum »Conservateur-Sous-Directeur« dieser Abteilung auf. 1874 wurde er Generaldirektor der Nationalbibliothek.

Neben Arbeiten zur Geschichte des Papstes Innozenz III. gab er zahlreiche mittelalterliche Urkunden und Handschriften heraus und verfaßte mehrere umfangreiche Handschriftenkataloge, so den »Catalogue des Actes de Philippe-Auguste« (1856). Auch leitete er die Herausgabe des »Recueil des historiens des Gaules et de la France«.

Verheiratet mit der Tochter von Eugène Burnouf (✠ 1850).

Aufnahme in den Orden am 24. Januar 1906.

LDelisle

Robert KOCH

Bakteriologe

Geboren am 11. Dezember 1843 in Clausthal (Oberharz).

Gestorben am 27. Mai 1910 in Baden-Baden.

Studium der Mathematik, Naturwissenschaften und schließlich Medizin in Göttingen. 1866 Promotion in Medizin bei Jacob Henle. Ab 1872 Kreisphysikus und praktischer Arzt in Wollstein. 1880 Berufung in das Reichsgesundheitsamt in Berlin.

1885 Professor für Hygiene und Leiter des von ihm gegründeten Hygienischen Instituts in Berlin.

Die Entwicklung neuer Färbungs- und Fixierungsmethoden führte Koch 1882 zur Entdeckung des Tuberkelbazillus, womit die große Wende in der Infektionslehre der Medizin des endenden 19. Jahrhunderts bewirkt wurde. Es folgten die Entdeckung des Choleravibrio und die Darstellung des Tuberkulins. Erfolge in der Bekämpfung von Infektionskrankheiten wie Cholera, Rinderpest, Pest, Malaria, Typhus, Pferdesterbe und Schlafkrankheit im Zusammenhang mit zahlreichen Expeditionen, die Koch nach Ägypten, Indien, Italien und Südafrika führten. Koch hat außerdem als Lehrer überaus fruchtbringend gewirkt. Ärzte vieler Nationen haben bei ihm gelernt und nach seinen Lehren erfolgreich gearbeitet.

1905 Nobelpreis für Medizin »für seine Untersuchungen und Entdeckungen auf dem Gebiet der Tuberkulose«.

Aufnahme in den Orden am 31. Mai 1906.

R. Koch

Max BRUCH

Komponist

Geboren am 6. Januar 1838 in Köln.

Gestorben am 29. Oktober 1920 in Berlin-Friedenau.

1865–67 Musikdirektor in Koblenz, 1867–70 Hofkapellmeister in Sondershausen, 1878 Dirigent der Philharmonic Society in Liverpool, 1883 Übernahme der Leitung des Breslauer Orchestervereins, 1891–1910 Leiter einer Meisterklasse für Komposition an der Berliner Akademie der Künste unter Verleihung des Professortitels. 1907 Vizepräsident der Akademie. Direktionsmitglied der Hochschule für Musik Berlin. Ab 1910 widmete er sich nur noch der Komposition.

Max Bruch hat Opern, Chorwerke, Klavierlieder, Instrumentalwerke komponiert. Sein vielgespieltes erstes Violinkonzert, g-Moll, 1868, ist ein Standardwerk der Violinliteratur.

Dr. h. c. der Universität Cambridge (1893) und der Berliner Universität (1918).

Aufnahme in den Orden am 24. Januar 1908.

Max Bruch

James Viscount BRYCE

Historiker und Rechtsgelehrter

Geboren am 10. Mai 1838 in Belfast (Irland).

Gestorben am 22. Januar 1922 in Sidmouth (Devon.).

James Bryce war ein führender liberaler Politiker und Politikswissenschaftler im England der zweiten Hälfte des 19. Jahrhunderts und der Vorweltkriegszeit. In Trinity-College Oxford erzogen, wurde er 1867 als Mitglied von Lincoln's Inn zur englischen Bar zugelassen und war 1870 bis 1893 Regius Professor of Civil Law in Oxford. Deutschland war er durch ein Studium in Heidelberg unter dem Pandektisten Wangerow (1863) verbunden.

Als Politiker gehörte Bryce der liberalen Partei an. Er war 1880 bis 1906 Mitglied des Unterhauses, später (ab 1913) des Oberhauses. Mehrfach war er Minister in liberalen Kabinetten, so 1892 unter Gladstone, und 1907 bis 1913 englischer Botschafter in Washington.

Als Politikwissenschaftler wurde er vor allem durch die Werke »The holy Roman Empire« (1864), »The American Commonwealth« (1889) und »Modern Democracy« (1921) bekannt, die historisch-politische mit juristischer Betrachtung verbinden.

Aufnahme in den Orden 1908.

Wilhelm DILTHEY

Philosoph

Geboren am 19. November 1833 in Biebrich.

Gestorben am 3. Oktober 1911 in Seis (Tirol).

Dilthey hat ursprünglich Theologie studiert, sich anschließend der allgemeinen Geistesgeschichte zugewandt. Promovierte 1864 in Berlin mit einer Arbeit über Schleiermacher, von der nur ein erster Band erschien. Professor in Basel (1866), in Kiel (1868), in Breslau (1871), schließlich 1882 in Berlin, wo er bis 1905 wirkte.

1883 erschien seine »Einleitung in die Geisteswissenschaften«, die vor allem seinen Ruhm begründete. Von Zeitgenossen wurde Dilthey als der Schöpfer einer geschichtsbezogenen Lebensphilosophie angesehen, aus der eine geisteswissenschaftliche Schule entstand mit Namen wie B. Groethuysen, G. Misch, H. Nohl, E. Spranger (✠ 1952), Th. Litt (✠ 1952). Aus dem zu Diltheys Lebzeiten nicht vollständig publizierten Werk wurden mehrere Arbeiten bis in die neueste Zeit in Nachlaßbänden veröffentlicht, die zu dem immer noch andauernden Einfluß ihres Verfassers auf dem Gebiet der philosophisch begründeten Geistesgeschichte beitrugen.

Aufnahme in den Orden am 17. August 1908.

Wilhelm Dilthey

Hendrik Antoon LORENTZ

Physiker

Geboren am 18. Juli 1853 in Arnheim.

Gestorben am 4. Februar 1928 in Haarlem.

Professor in Leiden 1878 bis 1923.

Lorentz' Name ist mit grundlegenden theoretischen Arbeiten zur Elektronentheorie von Elektrizität, Magnetismus und Optik (ab 1891) verbunden. Mit seiner endgültigen Fassung von Boltzmanns H-Theorem gab er eine der Voraussetzungen für Plancks (✠ 1915) Quantentheorie. Seine Erklärung des Zeeman-Effektes und der magnetischen Drehung der Polarisationsebene war wichtig für die Erkenntnisse über den Bau der Atome. Die Begriffe »Lorentz-Kraft«, »Lorentz-Kontraktion«, »Lorentz-Transformationen, -Gruppe, -Invarianz« spiegeln seine weitreichende Bedeutung für die theoretische Physik auf dem Wege zur Neufassung der physikalischen Begriffe Raum und Zeit (Einstein ✠ 1923) und zur speziellen Relativitätstheorie.

Lorentz' Planung der Trockenlegung der Zuidersee (1918–1926) und seine Tätigkeit als Vorsitzender der Völkerbundskommission für geistige Zusammenarbeit zeigen die Weite seines Wirkbereichs.

1902 Nobelpreis für Physik.

Aufnahme in den Orden am 31. Mai 1908.

H. A. Lorentz

Wilhelm Friedrich Philipp PFEFFER

Pflanzenphysiologe und Botaniker

Geboren am 9. März 1845 in Grebenstein bei Kassel.

Gestorben am 31. Januar 1920 in Leipzig.

Professor in Bonn (1875), Basel (1877), Tübingen (1878—1887), Leipzig.

Ursprünglich Chemiker, 1870 Schüler von Julius Sachs. Einzigartige Bedeutung für Begründung und Entwicklung der Pflanzenphysiologie (Biophysik, Biochemie): Entdeckung der Osmose als Grundlage für fast allen Stoff- und Kraftaustausch in Organismen (Modellversuch »Pfeffersche Zelle«); Physik und Chemie der Membranen; Entdeckung der Steuerung, der Selbstregulation, der Gegenreaktion bei inneren und äußeren Gleichgewichtsstörungen, Voraussage molekularer Vorgänge und Veränderungen als ihre Ursachen und Hilfsmittel.

Wichtige Werke: Handbuch der Pflanzenphysiologie (1881); Pflanzenphysiologie (2 Bde. 1897—1904). Lehrer der Pflanzenphysiologen aus aller Welt.

Aufnahme in den Orden am 31. Mai 1908.

Dr. Wilhelm Pfeffer

Friedrich Wilhelm RADLOFF

Forscher auf dem Gebiet der türkischen Sprache

Geboren am 17. Januar 1837 in Berlin.

Gestorben am 16. Juli 1919 in St. Petersburg.

Sprachforscher deutscher Herkunft, Sohn eines Berliner Polizeiinspektors. Begab sich nach Rußland und war jahrelang Lehrer in einem kleinen Altaistädchen, um Turksprachen an alter Quelle zu studieren. Radloff hat dann im Dienste der Kaiserlich Russischen Akademie der Wissenschaften Außerordentliches auf dem Gebiet der zentralasiatischen Forschung geleistet. Eine große Expedition, die unter seiner Leitung stand, erbrachte umfangreiches Material, das er in dem monumentalen Werk »Atlas der Altertümer der Mongolei« (Petersburg 1892—1896) veröffentlichte. Zu der Erschließung der Orchoninschriften und der Interpretation der alttürkischen Handschriften, vor allem des Uigurischen, hat Radloff Grundlegendes beigetragen. Aber auch auf vielen anderen Gebieten der asiatischen Linguistik hat er die Forschung entscheidend bereichert.

Aufnahme in den Orden 1908.

W. Radloff

John Singer SARGENT

Maler

Geboren am 12. Januar 1856 in Florenz.

Gestorben am 15. April 1925 in London-Chelsea.

Sohn amerikanischer Eltern; 1874–79 Ausbildung als Maler bei Carolus Duran in Paris und durch Studienreisen nach Spanien, Italien, Deutschland und den USA; dann bis 1884 in Paris, seitdem in London ansässig aber mit vielen Beziehungen durch Bildnisaufträge zu Nordamerika.

Wegen seiner gut charakterisierenden und farbharmonischen Porträts in der angelsächsischen Gesellschaft geschätzt, entwickelt er – von Velasquez, Franz Hals und den Impressionisten ausgehend – einen elegant-effektvollen Porträtstil. Mit den Porträts bekannter Persönlichkeiten seiner Zeit wie Präsident Woodrow Wilson, General Smuts, Dichter Patmore, Lordoberrichter Baron Russel of Killowen zu seiner Zeit in vielen europäischen und amerikanischen Museen vertreten; allegorische Wandmalereien z. B. im Treppenhaus der Widener Library der Harvard-Universität. Gelegentlich auch als Lithograph und Bildhauer tätig z. B. Broncerelief »Kreuzigung« in der St. Pauls Cathedral in London.

Aufnahme in den Orden 1908.

Gabriel Ritter von SEIDL

Architekt

Geboren am 9. Dezember 1848 in München.

Gestorben am 27. April 1913 in Bad Tölz.

Seidl wuchs als Sohn eines Bäckers in einem Elternhaus auf, in dem zahlreiche Künstler verkehrten. Bis 1870 Maschinentechniker, ab 1871 Architekturstudium bei Gottfried Neureuther. Nach einem Aufenthalt in Rom (1876—77) und angeregt durch freundschaftliche Verbindungen mit bedeutenden Künstlern, gründete er 1878 mit Rudolf von Seitz ein Atelier für Innendekoration. In München und Umgebung schuf er zahlreiche Bauten zunächst im Stil der deutschen Renaissance, später auf Anregung seines Freundes Franz von Lenbach in freiem eigenem Stil. Als Beispiele sind zu nennen: Das Bayerische Nationalmuseum (1896—1900), das Deutsche Museum in München (ab 1906), die Anna-Kirche, die Rupertus-Kirche, das reizvolle Künstlerhaus am Lenbachplatz, Villa Lenbach, Villa Kaulbach (✠ 1849), Villa Toni Stadler; außerhalb Münchens Villen, Schlösser, Kirchen, Museen z. B. das Histor. Museum der Pfalz in Speyer.

Seidl gilt als bedeutendster Vertreter der eklektizistischen historisierenden Bauweise der Münchener Architektur um 1900.

Aufnahme in den Orden am 24. Januar 1908.

Johannes VAHLEN

Klassischer Philologe

Geboren am 27. September 1830 als Sohn eines Handwerkers in Bonn.

Gestorben am 30. November 1911 in Berlin.

1854 auf Ritschls Rat Habilitation in Bonn, 1856 a. o. Professor in Breslau, wo er Theodor Mommsen (✠ 1868) begegnete, 1858 o. Professor in Freiburg/Br., im selben Jahre in Wien (Rektor 1873), von wo er auf erneuten Ruf nach Berlin ging (Rektor 1886).

Vahlens Hauptwerk ist die Bearbeitung der Fragmente des Dichters Ennius, die aus einer von Ritschl gestellten Preisaufgabe hervorging; 1903 eine erweiterte Neuauflage. Zahlreiche Arbeiten betreffen so gut wie alle bedeutenden römischen Autoren, die meisten in: Gesammelte philologische Schriften I 1911 (aus der Wiener Zeit), II 1923 (aus der Berliner Zeit), dazu 2 Bde. Opuscula Academica 1907/08. Reiche Beschäftigung mit Aristoteles, bes. Rhetorik und Poetik (3. Aufl. der Ausgabe 1883). In der Wiener Akademie begründete er das Corpus scriptorum ecclesiasticorum Latinorum.

In der vielfach hemmungslosen Konjekturenfreudigkeit seiner Zeit vertrat er den Vorrang interpretatorischer Besinnung auf die Überlieferung.

Aufnahme in den Orden 1908.

J. Vahlen

Ulrich von WILAMOWITZ-MOELLENDORFF

Klassischer Philologe

Geboren am 22. Dezember 1848 auf Gut Markowitz (Posen).

Gestorben am 25. September 1931 in Berlin.

Absolvierte 1867 das Gymnasium Schulpforta, studierte in Bonn und Berlin, wo er 1870 promovierte und sich, nach der Teilnahme am Krieg 1870/71, 1874 habilitierte. 1876 Ordinarius in Greifswald, 1883 in Göttingen, 1897 in Berlin. Wirkl. Geheimrat. Verheiratet mit Marie, Tochter Theodor Mommsens (⊕ 1868).

Wilamowitz-Moellendorff bewirkte eine neue Grundlegung der seit der Mitte des 19. Jhs. vielfach an Impulsen schwachen griechischen Alterumswissenschaft durch bahnbrechende Ausgaben von Dramen des Aischylos, Euripides, Aristophanes, Menander, der Erga Hesiods und der Hymnen und Epigramme des Kallimachos, sowie durch zahlreiche monumentale Monographien zu Homer, Pindar, Platon, Aristoteles, zur Hellenistischen Dichtung, zur griechischen Verskunst und zum Glauben der Hellenen. Beseitigte die klassizistischen Vorurteile und begründete in großartiger Synthese aller altertumswissenschaftlichen Disziplinen eine die gesamte Antike umfassende, immer aber auf intensiver Interpretation beruhende Wissenschaft vom griechischen Altertum. Verwirklichte das von Aug. Boeckh (⊕ 1842), K. O. Müller, F. G. Welcker Vorbereitete. Gab der Textkritik in der Textgeschichte ein neues Fundament. Große Verdienste um die Epigraphik und die Ausgabe der griechischen Kirchenväter durch seine Tätigkeit in der Preußischen Akademie.

Aufnahme in den Orden 1908.

Ulrich v. Wilamowitz-Moellendorff

Sir David GILL

Astronom

Geboren am 12. Juni 1843 in Aberdeen.

Gestorben am 24. Januar 1914 in London.

Gill begann seine astronomische Laufbahn als Leiter der Privatsternwarte des Lord Lindsay in Dunecht (1872 bis 76). 1879 wurde er zum Direktor der Sternwarte am Kap der Guten Hoffnung ernannt, die unter seiner Leitung schrittweise neu ausgerüstet wurde. Er hat das Heliometer meisterhaft gehandhabt und zur Bestimmung der Parallaxe der Sonne (Venusdurchgang 1874, Marsopposition 1877, Oppositionen Kleiner Planeten) und von Fixsternen, sowie zur Beobachtung der Jupitermonde angewandt. Daneben hat er schon von 1882 an die Photographie in den Dienst der Ortsbestimmung der Sterne gestellt.

Aufnahme in den Orden am 31. Mai 1910.

David Gill

Ferdinand Graf von ZEPPELIN

Aeronautiker

Geboren am 8. Juli 1838 in Girsberg bei Konstanz.

Gestorben am 8. März 1917 in Berlin.

Zeppelin, ein vielseitig ausgebildeter württembergischer Offizier, der im amerikanischen Sezessionskrieg (1863–69) den ersten Aufstieg in einem Militärballon erlebte, widmete sich nach seinem Abschied als Brigadegeneral seinen schon 1873 begonnenen Versuchen zu einem starren lenkbaren Luftschiff. Das von ihm zusammen mit Ingenieur Theodor Kober konstruierte und vom Verein Deutscher Ingenieure finanzierte erste Luftschiff machte unter seiner Leitung am 2. Juli 1900 in Manzell/Bodensee die erste erfolgreiche Luftfahrt. Nachdem durch Sturm- und Brandkatastrophen die jeweils verbesserten Luftschiffe zerstört worden waren, sicherte eine im August 1908 in wenigen Tagen zusammengebrachte Millionenspende des deutschen Volkes die Durchführung des Lebenswerkes Zeppelins. 1912 Beginn der Passagierluftfahrt, die es bis Kriegsbeginn 1914 auf insgesamt 489 Fahrten brachte. Bei Kriegsende 1918 waren 66 Marine- und 35 Heeresluftschiffe vorhanden. Die Brandkatastrophe des Luftschiffs »Hindenburg« 1937 in Lakehurst und der Zweite Weltkrieg setzten den Verkehrsluftschiffen ein Ende.

Das geniale, zielstrebig verfolgte Lebenswerk Zeppelins fand ebenso wie seine durch kein Mißgeschick zu erschütternde tapfere Entschlossenheit und Ausdauer vielfältige Anerkennung: Dr. h. c. Dresden, Stuttgart, Tübingen; Schwarzer-Adler-Orden (1908).

Aufnahme in den Orden am 31. Mai 1910.

Colmar Freiherr von der GOLTZ

Kriegswissenschaftler

Geboren am 12. August 1843 in Bielkenfeld bei Labiau.

Gestorben am 19. April 1916 in Bagdad.

1871–1883 mit Unterbrechungen als Hauptmann und Major in der kriegsgeschichtlichen Abteilung des großen Generalstabes; 1883–86 leitete er, vom Sultan zum Pascha ernannt, das Militärbildungswesen und bis 1895, zuletzt als Marschall, die Reorganisation des Heeres in der Türkei. Nach Rückkehr in preußische Dienste wurde er 1898 Generalinspekteur des Ingenieur- und Pionierkorps und der Festungen, 1901 Kommandierender General des ersten Armeekorps in Königsberg. 1903 ernannte ihn die Philosophische Fakultät der Universität Königsberg zum Ehrendoktor. 1911 nach nochmaligem zweijährigen Wirken in der Türkei wurde er Generalfeldmarschall. 1914 war er kurze Zeit Generalgouverneur von Belgien und wurde 1915 Führer der ersten Armee in der Türkei, die im Irak gegen die Engländer kämpfte.

Sein Buch: »Leon Gambetta und seine Armee« (1877) erregte wegen der literarischen Leistung sowie wegen seiner begeisterten Anerkennung Gambettas großes Aufsehen. Das Buch war Anlaß zu seiner vorübergehenden Abberufung aus dem Generalstab. 1883 erschien seine Schrift »Roßbach und Jena«; sein bedeutendstes Werk ist die »Kriegsgeschichte Deutschlands im 19. Jahrhundert« (1900–1914).

Aufnahme in den Orden am 24. Januar 1911.

Karl Ewald Konstantin HERING

Physiologe

Geboren am 5. August 1834 in Altgersdorf (Lausitz).

Gestorben am 26. Januar 1918 in Leipzig.

Hering studierte Medizin und Zoologie in Leipzig 1853—1860. 1862 Habilitierung für Physiologie in Leipzig, 1865 Professor der Physiologie an der Militärärztlichen Akademie in Wien; 1870 in gleicher Stellung in Prag; 1895—1916 Ordinarius der Physiologie in Leipzig; danach im Ruhestand.

Sein Hauptforschungsgebiet war die Physiologie des Gesichtssinnes (Farbensehen, binoculares Sehen). Andere wichtige Veröffentlichungen behandelten die reflektorische Selbststeuerung der Atmung und die Physiologie des Kreislaufs (»Heringsche Wellen« der Blutdruckschwankungen). Seine zahlreichen Schüler hatten einen großen Einfluß auf die Entwicklung der Physiologie.

Aufnahme in den Orden am 24. Januar 1911.

Andreas HEUSLER

Rechtsgelehrter

Geboren am 30. September 1834 in Basel.

Gestorben am 2. November 1921 in Basel.

Nach Basler, Göttinger und Berliner Studienjahren 1858 Privatdozent, 1866 Ordinarius an der Universität seiner Vaterstadt, der er bis zu seiner Entpflichtung treu blieb. Bis in die achtziger Jahre vorzugsweise auch in der kantonalen und eidgenössischen Justizpolitik und Gesetzgebung tätig, wendet er sich dann fast ausschließlich der Rechtsgeschichte zu.

Die Hauptwerke seines reifen Alters sind die »Geschichte der Stadt Basel« (abgeschlossen 1917) und die »Schweizerische Verfassungsgeschichte« (1921). Sein hohes Ansehen kam in mannigfachen öffentlichen und akademischen Ehren zum Ausdruck.

Aufnahme in den Orden am 31. Mai 1911.

Otto LESSING

Bildhauer

Geboren am 24. Februar 1846 in Düsseldorf.

Gestorben am 22. November 1912 in Berlin.

Sohn des Historien- und Landschaftsmalers Karl Friedrich Lessing (✣ 1842). Ausbildungsgang: 1858 Karlsruhe, seit 1863 Zeichenunterricht bei seinem Vater und bei Steinhäuser; 1865–68 in Berlin Schüler von Albert Wolff; Reisen nach München, Paris, Wien und Italien.

1872 eröffnet er in Berlin nach Rückkehr aus dem Kriege 1870/71 ein Atelier für Bauplastik und betätigt sich als Zeichner, Maler, Silberschmied und Bildhauer in vielen Techniken.

Markante Werke: Bronzetür der Ruhmeshalle im Berliner Zeughaus; Lessing-Denkmal (1890) und Bauplastiken z. B. Ausstattung des Reichsgerichtsgebäudes in Leipzig; Herkulesbrunnen auf dem Lützowplatz (1910).

Aufnahme in den Orden am 24. Januar 1911.

Otto Lessing

Edward Charles PICKERING

Astronom

Geboren am 19. Juli 1846 in Boston, Mass. USA.

Gestorben am 3. Februar 1919 in Cambridge, Mass. USA.

Nach mehr als 10jähriger Tätigkeit als Lehrer der Mathematik und Professor für Physik wurde Pickering 1876 mit der Leitung des Harvard Observatoriums in Cambridge betraut. Dank eines außerordentlichen Organisationstalentes hat er diesem Institut eine führende Stellung auf den Gebieten der astronomischen Photometrie und Spektroskopie erworben. Durch Einrichtung einer Beobachtungsstation auf der Südhalbkugel in Arequipa hat er die ständige photographische Überwachung des Himmels zum Zwecke der Auffindung neuer oder veränderlicher Objekte auf den ganzen Himmel ausdehnen können. Das Plattenarchiv des Harvard Observatoriums ist von unschätzbarem Wert für das Studium aller zeitlichen Veränderungen am Himmel. Die »Revised Harvard Photometry« und der »Henry Draper Catalogue of Stellar Spectra« zählen zu den Fundamenten der Astrophysik und haben wesentlich zu den Vorstellungen über Bau und Entwicklung des Milchstraßensystems um die Jahrhundertwende beigetragen.

Aufnahme in den Orden am 31. Mai 1911.

Edward C. Pickering

1911

Sir William RAMSAY

Chemiker

Geboren am 2. Oktober 1852 in Glasgow.

Gestorben am 23. Juli 1916 in Hazelmere, Buckinghamshire.

Nach dem Studium in Glasgow, Heidelberg und Tübingen 1880 Professor der Chemie am University College, Bristol, und 1887 am University College, London. 1888 in die Royal Society gewählt.

Er wurde berühmt durch seine physikalisch-chemischen Arbeiten und die Entdeckung des Argons und der anderen Edelgase Neon, Krypton und Xenon, deren Stelle im periodischen System der Elemente er auch bestimmte. Ebenso entdeckte er das Helium in Uranmineralien und in der Luft.

Für diese Edelgasarbeiten erhielt er 1904 zusammen mit Rayleigh (✠ 1903) den Nobelpreis.

1902 geadelt.

Aufnahme in den Orden am 17. August 1911.

William Ramsay

Gustaf Magnus RETZIUS

Histologe

Geboren am 17. Oktober 1842 in Stockholm.

Gestorben am 21. Juli 1919 in Stockholm.

Retzius entstammte in der dritten Generation einer hervorragenden Ärztefamilie, studierte Medizin in Upsala, Stockholm und Lund. Promotion 1871; a. o. Professor der Histologie am Karolinska Institut 1877. 1884–1887 Herausgeber der Tageszeitung Aftonbladet, hauptsächlich wegen seiner sozialen und humanitären Interessen. Ordinarius für Anatomie am Karolinska Institut 1889. Gab 1890 diese Stellung auf mit der Absicht, sich ganz der wissenschaftlichen Arbeit zu widmen.

Seine wichtigsten wissenschaftlichen Leistungen lagen auf den Gebieten der Histologie des Nervensystems und des Ohrlabyrinths. Außerdem zeichnete er sich durch vergleichend-anatomische und anthropologische Untersuchungen aus. Veröffentlichte über 500 Arbeiten.

Aufnahme in den Orden am 24. Januar 1911.

Gustaf Retzius

Wilhelm Conrad RÖNTGEN

Physiker

Geboren am 27. März 1845 in Lennep.

Gestorben am 10. Februar 1923 in München.

Sohn eines begüterten Tuchfabrikanten; Studium in Zürich als Schüler des Physikers August Kundt (✠ 1893), der ihn über Würzburg nach Straßburg mitnahm und dort habilitierte. Professor in Hohenheim, Straßburg, Gießen, Würzburg (1888—1899), München (1900—1920).

Röntgen, ein vorbildlich exakter Experimental-Physiker, war durch entscheidende experimentelle Prüfungen der Grundannahmen in der Maxwellschen Theorie des Elektromagnetismus maßgeblich beteiligt an der Wende von der klassischen zur modernen Physik: mit der Entdeckung des »Röntgenstromes« und mit der systematischen Untersuchung und Entwicklung der von ihm am 8. November 1895 entdeckten »Röntgen-Strahlen«. Deren Anwendung führte zu grundlegenden Erkenntnissen über den Bau der Festkörper, über den menschlichen Körper und seine Funktionen, erschloß damit neue Wissenschaftsgebiete und leistete der Menschheit unschätzbare Dienste. Weitere Forschungsgebiete waren die mechanischen und elektrischen Eigenschaften der Kristalle und neue Methoden der Hochdruck-Untersuchung.

Röntgen lehnte jede Beteiligung an der wirtschaftlichen und industriellen Verwertung seiner Entdeckungen strikt ab.

1901 erhielt er als erster den Nobelpreis für Physik.

Aufnahme in den Orden am 24. Januar 1911.

Dr. W. C. Röntgen

Gustav SCHÖNLEBER

Maler

Geboren am 3. Dezember 1851 in Bietigheim/Württ.

Gestorben am 1. Februar 1917 in Karlsruhe.

Als Schüler des Polytechnikums in Stuttgart (1869) erkennt er sein zeichnerisches Talent und entschließt sich zur Ausbildung als Künstler; zuerst bei A. Lier in München, dann Weiterbildung auf Reisen nach Italien, Holland, zur Nord- und Ostseeküste, nach Nordwestfrankreich und England; von den Werken Constables und Turners beeindruckt. Erfolge auf Ausstellungen in Wien und München, später auch in Berlin, Rom, Stuttgart. 1880 Berufung an die Kunstakademie in Karlsruhe, wo er bis 1910 wirkt.

Gestützt auf Naturstudien bei vielen Reisen zeigt Schönleber seine künstlerische Stärke in schlichten, stimmungsvollen, farblich schön abgestimmten Landschaftsbildern und Marinen, die zu seiner Zeit sehr geschätzt und in vielen deutschen Museen vertreten waren.
Bekannte Werke: »Gasse in Genua« (1872), »Stadtgraben in Esslingen« (1879), »Mondnacht am Neckar« (1883).

Aufnahme in den Orden am 24. Januar 1911.

Vilhelm Ludwig Peter THOMSEN

Sprachforscher

Geboren am 25. Januar 1842 in Kopenhagen.

Gestorben am 12. Mai 1927 in Valby bei Kopenhagen.

Thomsen, gleich bewandert in den indogermanischen und finno-ugrischen Sprachen, war von 1887 bis 1913 Professor in Kopenhagen. 1893 gelang ihm die Entzifferung des Alphabets der alttürkischen, sog. Orchoninschriften, die er im Bulletin der Dänischen Akademie unter dem Titel »Déchiffrement des inscriptions de l'Orkhon et de l'Iénisséi« bekannt gab. Drei Jahre später veröffentlichte er eine sorgfältige Interpretation beider damals verfügbaren Orchoninschriften. Durch Thomsens geniale Leistung wurde eine Sprache erschlossen, die um mehrere hundert Jahre älter ist als alle bis dahin bekannten türkischen Sprachzeugnisse.

Aufnahme in den Orden am 24. Januar 1911.

Vilh. Thomsen

Julius Ferdinand von HANN

Meteorologe

Geboren am 23. März 1839 in Linz a. d. Donau.

Gestorben am 1. Oktober 1921 in Wien.

Seine ersten meteorologischen Untersuchungen, die vor allem der Entstehung des Föhns galten, hat Hann während seiner Tätigkeit als Lehrer für Mathematik und Physik an Mittelschulen in Wien und Linz durchgeführt. Mit dem Eintritt in die Zentralanstalt für Meteorologie in Wien (1867), zu deren Direktor er 1877 aufstieg, entfaltete er eine umfangreiche Tätigkeit als Organisator, Forscher und Lehrer und verfaßte neben zahlreichen Einzelveröffentlichungen auf dem Gebiete der Geophysik ein Handbuch der Meteorologie, das noch heute unter dem Namen »v.-Hann-Sühring« als Standardwerk gilt.

1910 übernahm er eine eigens für ihn geschaffene Lehrkanzel für kosmische Physik in Wien.

Aufnahme in den Orden am 17. August 1912.

Reinhold KOSER

Historiker

Geboren am 7. Februar 1852 in Schmarsow (Mark).

Gestorben am 25. August 1914 in Berlin.

1880 Privatdozent, dann ao. Professor in Berlin, 1890 bis 1896 o. Professor in Bonn, von 1896 bis zu seinem Tode Generaldirektor der preußischen Staatsarchive in Berlin.

Koser war ein Schüler Gustav Droysens. Bei aller Verehrung für den Lehrer konnte er jedoch Droysens »theologischer«, das hieß protestantischer, gegen Österreich und die katholische Kirche gerichteter Auffassung der deutschen, besonders der preußischen Geschichte nicht folgen. So sollte seine »Geschichte der brandenburgisch-preußischen Politik« betonter Weise nicht eine Fortsetzung von Droysens Werk darstellen; sollte nicht Lob und Tadel austeilen, sondern, im Sinne Rankes (✪ 1855), verstehen. Das auf drei Bände angelegte Unternehmen ist über den ersten, bis zum Ende des Dreißigjährigen Krieges führenden nicht hinausgediehen. Jedoch mag man in Kosers »Geschichte Friedrichs des Großen« eine indirekte Erfüllung seines Versprechens sehen.

Aufnahme in den Orden am 24. Januar 1912.

R. Koser

August Louis TUAILLON

Bildhauer

Geboren am 7. September 1862 in Berlin.

Gestorben am 21. Februar 1919 in Berlin.

Sohn eines Beamten französischer Abstammung; von 1879 bis 1883 Studium an der Berliner Akademie, Meisterschüler von Reinhold Begas (✠ 1883); 1883/84 bei Weyr in Wien, von 1885 bis 1902 in Rom unter dem Einfluß von Hans von Marées und Adolf von Hildebrandt (⊕ 1891); dann wieder in Berlin, wo er in die Berliner Sezession eintrat, die sich in der Auseinandersetzung um Edvard Munch von der »Großen Berliner Kunst-Ausstellung« trennte. Tuaillon wurde bekannt durch seine in Rom entstandene Bronzestatue »Amazone zu Pferde« (1895), von der Nationalgalerie Berlin angekauft und aufgestellt. Mit diesem Werk nahm er die durch den Neubarock von Begas unterbrochene Schadow (⊕ 1842)-Rauch (✠ 1842)-Tradition wieder auf, die er zu einem klassisch empfundenen, formstrengen Stil weiterentwickelte.

Bekannte Werke: Reiterstandbild Kaiser Friedrichs III. (1905), auf der Hohenzollernbrücke in Köln Denkmäler Friedrichs III. und Wilhelms II. (1909), Marmordenkmal Robert Koch (✠ 1906) in Berlin 1915), Reliefstandbild Wilhelms II. im Folkwang-Museum in Essen.

Aufnahme in den Orden am 24. Januar 1912.

Sir William TURNER

Anatom

Geboren am 7. Januar 1832 in Lancaster.

Gestorben am 15. Februar 1916 in Edinburg.

Turner studierte Medizin in London 1850–1854. Ging dann als Demonstrator der Anatomie an die Universität Edinburg, wo er 62 Jahre lang, bis zu seinem Lebensende, blieb. 1867 wurde er Ordinarius der Anatomie und 1903–1916 war er »Principal« (Rektor).

Turner veröffentlichte über 200 Arbeiten, hauptsächlich auf den Gebieten der deskriptiven Anatomie, vergleichenden Anatomie und Anthropologie. Seine Interessen erstreckten sich aber auch auf Physiologie, Pathologie und Histologie.

Er verfaßte einen »Atlas und Lehrbuch der menschlichen Anatomie und Physiologie«. Außerdem war er ein ungewöhnlich erfolgreicher Universitätslehrer, Universitätsverwalter und Organisator.

Aufnahme in den Orden am 17. August 1912.

Wilhelm WUNDT

Psychologe und Philosoph

Geboren am 16. August 1832 in Neckarsau/Baden.

Gestorben am 31. August 1920 in Großboten bei Leipzig.

Professor der Physiologie in Heidelberg 1864, Professor der Philosophie in Zürich 1874, ab 1875 in Leipzig.

Begründer des ersten Instituts für experimentelle Psychologie in Leipzig, bahnbrechender Forscher und Organisator von Forschung. Seine »Grundzüge der physiologischen Psychologie« (1874) legten den Grund für ein mit breitester Gelehrsamkeit verfaßtes System der Philosophie, das überall, in der Logik, Ethik, Vökerpsychologie die physiologisch-psychologische Betrachtungsweise durchführte. Starke schulbildende Wirkung (Leipziger Schule).

Aufnahme in den Orden am 24. Januar 1912.

Léon Joseph Florentin BONNAT

Maler

Geboren am 20. Juni 1833 in Bayonne.

Gestorben am 8. September 1922 in Chateau de Mouchy Saint Eloi (Oise).

Erzogen in Spanien, ausgebildet bei Madrazzo in Madrid und bei Léon Cogniet (✠ 1865) in Paris (1855), wächst er durch Italien-Aufenthalt in die Tradition von Ribera, Caravaggio und der späten Bologneser hinein. In stilisiertem Naturalismus mit scharfer Modellierung und starken Licht- und Schattengegensätzen malt er religiöse und mythologische Bilder und von den 70er Jahren ab treffend charakterisierende Porträts zahlreicher Berühmtheiten seiner Zeit. Seine Art scheidet ihn schon früh von Manet und dessen Kreis.

Bekannte Werke: »Adam und Eva an der Leiche Abels« (1860), »Vinzenz von Paul« (1866), »Himmelfahrt Mariae« (1869), Porträts von Thiers (1877), Victor Hugo (1879), Grevy (1880), Cogniet, Pasteur, Dumas, Taine und sämtlicher Präsidenten der III. Republik; dazu Wandgemälde im Pantheon, im Rathaus von Paris, im Palais de Justice.

Mitglied der Jury der Pariser Weltausstellung; Direktor der Akademie der schönen Künste. Hohe französische und preußische Auszeichnungen.

Aufnahme in den Orden am 31. Mai 1913.

1913

Hermann DIELS

Klassischer Philologe

Geboren am 18. Mai 1848 in Biebrich bei Wiesbaden.

Gestorben am 4. Juni 1922 in Berlin-Dahlem.

Diels studierte in Berlin und Bonn, wo er 1870 bei Usener (✠ 1897) promovierte. Gymnasiallehrer in Hamburg und Berlin. 1881 in die Preußische Akademie gewählt, deren ständiger Sekretär der philosophisch-historischen Klasse er 1895 wurde; 1882 a. o. und 1886 o. Professor in Berlin. 1920 Emeritierung.

1879 stellte Diels durch seine »Doxographi Graeci« die Überlieferungsgeschichte der griechischen Philosophen auf eine neue Grundlage. Zahlreiche einschlägige Arbeiten kulminierten 1903 in seinem Meisterwerk »Fragmente der Vorsokratiker« (12. Aufl. betreut von W. Kranz 1966). Ausgabe des Lukrez 1923/24 posthum. Verdienter Organisator wissenschaftlicher Arbeit: begründete die kritische Gesamtausgabe der griechischen Ärzte (CMC), war maßgeblich beteiligt an der Herausgabe der 26 Bände mit den antiken Kommentaren zu Aristoteles, nahm teil an der Begründung des Thesaurus linguae Latinae und an den Bemühungen um internationale Zusammenarbeit der Akademien.

Aufnahme in den Orden am 31. Mai 1913.

Hermann Diels

Ernst Emil Ludwig HOFFMANN

Architekt

Geboren am 30. Juli 1852 in Darmstadt.

Gestorben am 11. November 1932 in Berlin.

Hoffmann studierte in Kassel und Berlin Architektur. Der »Schinkelpreis« ermöglichte ihm Studienreisen durch Italien, Frankreich, Österreich, Holland und Deutschland. Mit Peter Dybwad baute er 1887—96 das monumentale Reichsgerichtsgebäude in Leipzig; von 1896 bis 1924 wirkte er als Stadtbaurat für Hochbau in Berlin. Hier führte er große Bauaufgaben aus: z. B. das Virchow-Krankenhaus (1899—1906), das Märkische Museum (1901—1907), das Stadthaus (1902—1911) und Bauten auf der Museums-Insel nach den Plänen Alfred Messels.

So prägte er den repräsentativen Charakter der Reichshauptstadt mit und entwickelte eine eigene Formensprache, mit der er durch klassische Proportionen und Maßstäbe und durch sorgsam bearbeitete Details auch große Baukomplexe harmonisch und human zu gestalten wußte. Hoffmann beeinflußte damit das Bauwesen seiner Zeit über Deutschland hinaus, z. B. den Bebauungsplan für Athen. Sein künstlerisches Ziel, nämlich die Einheit zwischen Architektur und Bildhauerkunst, blieb unerfüllt.

Seit 1901 mit zahlreichen Auszeichnungen geehrt; Ehrendoktor der Technischen Hochschulen Darmstadt und Wien.

Aufnahme in den Orden am 31. Mai 1913; 1923: Zweiter Vizekanzler des Ordens.

Ludwig Hoffmann

Camillo GOLGI

Mediziner und Histologe

Geboren am 7. Juli 1844 in Corteno (Lombardei).

Gestorben am 21. Januar 1926 in Pavia.

Studierte Medizin in Pavia und arbeitete als Arzt von 1855 bis 1872, zuerst in Pavia und dann in Abbiategrasso, bis er 1875 Extraordinarius der Histologie in Pavia wurde. Im selben Jahre wurde er Professor der Anatomie in Siena, kehrte aber 1876 als Histologe nach Pavia zurück, wo er 1881 Professor für allgemeine Pathologie wurde.

Seine Hauptbeiträge sind: Die Entwicklung der Methode der Silberimpregnation von Nervenfasern, die die Histologie des Nervensystems entscheidend förderte. Diese Methode machte es möglich, den Verlauf einzelner Nervenfasern innerhalb des Zentralnervensystems zu verfolgen. Dann die Entdeckung der Netzstrukturen (»Golgi Apparat«) des Zellplasmas und schließlich die Aufklärung gewisser Stufen des Lebenscyclus des Malariaparasiten.

Im Jahre 1906 erhielt er den Nobelpreis zusammen mit Ramón y Cajal (✧ 1915).

Aufnahme in den Orden am 24. Januar 1914.

Camillo Golgi

Hans GRÄSSEL

Architekt

Geboren am 18. August 1860 in Rehau (Oberfranken).

Gestorben am 11. März 1939 in München.

Grässel studierte von 1877—1881 Architektur in München, wirkte unter Georg von Hauberisser beim Bau der Rathäuser in München und Wiesbaden mit, wurde 1888 Baubeamter der Stadt München.

Hier entwickelte er neue Gestaltungsgrundsätze: Beachtung der städtebaulichen wie der funktionalen, technischen und hygienischen Gesichtspunkte als Beginn einer neuen Baugesinnung im 20. Jahrhundert und Beendigung der historisierenden Epoche. Bedeutend sind seine Friedhofsanlagen und -bauten (z. B. in München und Passau), die durch ihre Gliederung, durch einfache und künstlerisch gestaltete Denkmäler und durch schlichte Kapellen eine Reform des Friedhofwesens über Deutschland hinaus herbeigeführt haben.

Auch auf dem Gebiet des Heimatschutzes und der Volkskunst und als Dozent für frühchristliche Baukunst war Grässel verdienstvoll tätig.

Dr. Ing. h. c. der Technischen Hochschule München.

Aufnahme in den Orden am 31. Mai 1914.

Heinrich von ANGELI

Historien- und Porträtmaler

Geboren am 8. Juli 1840 in Sopron/Ödenburg (Ungarn).

Gestorben am 21. Oktober 1925 in Wien.

Nach Ausbildung in Wien, Düsseldorf und München lebte Angeli ab 1862 in Wien, wo ihm, der sich zunächst der Historienmalerei widmete, neben anderen Werken sein Bild »Der Rächer seiner Ehre« (1869) einen aufsehenerregenden Erfolg brachte, gekennzeichnet durch brillante Farben und reiches Kostümwerk. Ab 1870 wandte er sich immer mehr der Porträtkunst zu und wurde wegen seiner eleganten Manier mit glänzendem Kolorit der vielbeschäftigte Bildnismaler berühmter Persönlichkeiten seiner Zeit und der Höfe in Wien, London und Berlin.

Bekannte Porträts: Gen. Feldmarschall v. Manteuffel (1879 Nat. Gal. Berlin), v. Moltke (✠ 1874) (1884), Königin Victoria (1885), Wilhelm II. (1888), Chemiker Kekulé v. Stradonitz (✠ 1893) (1890).

Aufnahme in den Orden am 17. August 1915.

Otto Friedrich von GIERKE

Rechtsgelehrter

Geboren am 11. Januar 1841 in Stettin.

Gestorben am 10. Oktober 1921 in Berlin.

Nach Studienjahren in Heidelberg und Berlin und nach längerer Rechtspraxis in Stettin 1867 Privatdozent und 1871 Extraordinarius in Berlin, 1872 Professor in Breslau, 1884 in Heidelberg, seit 1887 wieder in Berlin.

Über sein rechtshistorisches Fach hinaus bedeutsam durch den Entwurf einer organistischen Gesellschaftslehre, die idealistische und vitalistische Züge vereint und den Riß zwischen Individuum, Staat und Gesellschaft zu schließen sucht. Ihr Ausgangspunkt und ihre geschichtliche Fundierung war seine »Geschichte der deutschen Genossenschaft« (I/III 1868–1881). Seine Theorie der »Realen Verbandspersönlichkeit«, seine Kritik am (Ersten) Entwurf eines Bürgerlichen Gesetzbuchs (1888/89) und sein Konzept eines Sozialrechts zwischen privatem und öffentlichem Recht haben die neueren Sozialwissenschaften, die Gesetzgebung und die Rechtsprechung gleich nachhaltig beeinflußt.

1911 wurde Gierke in den erblichen Adelsstand erhoben.

Aufnahme in den Orden am 24. Januar 1915.

Otto Gierke

Jacobus Cornelius KAPTEYN

Astronom

Geboren am 19. Januar 1851 in Barneveld.

Gestorben am 18. Juni 1922 in Amsterdam.

1875 Observator in Leiden; seit 1878 erster Professor der Astronomie in Groningen.

Kapteyn wurde bekannt durch seine Arbeiten über photographische Photometrie, über die Eigenbewegung der Sterne sowie durch die Stellarstatistik und durch die Erforschung des Milchstraßensystems. Die Planung, Organisation (»Astronomisches Laboratorium«) und Bearbeitung vor allem der Aufnahmen von Davil Gill (✠ 1910) in Cap Horn zur Orts- und Bewegungsbestimmung von über 400 000 Sternen des Südhimmels (»Kap-Durchmusterung«), eine der größten Leistungen der Fixsternastronomie, sind sein Werk.

Aufnahme in den Orden am 17. August 1915.

J. C. Kapteyn.

Max Karl Ernst Ludwig PLANCK

Physiker

Geboren am 23. April 1858 in Kiel.

Gestorben am 4. Oktober 1947 in Göttingen.

Planck, Sohn einer Gelehrten- und Juristenfamilie, studierte in München und Berlin, war dort Schüler von Helmholtz (✠ 1873) und Kirchhoff (✠ 1874); dann – nach Habilitation mit thermodynamischer Arbeit – Professor in Kiel (1887) und ab 1889 in Berlin als Nachfolger von Kirchhoff.
Anfänglich leistete Planck Entscheidendes zur Begründung und Fortentwicklung der Thermodynamik. Bei der theoretischen Ableitung der »Kirchhoffschen Funktion« der Temperaturstrahlung schwarzer Körper mit der Annahme atomischer Energieelemente entdeckte er 1900 das »Plancksche Strahlungsgesetz« und die Quantelung der Energie. Mit der universalen Planckschen Wirkungskonstanten h legte er den Grund für die Quantentheorie und leitete damit große Umwälzungen und Fortschritte in Physik und Chemie ein im Zusammenwirken mit Albert Einstein (✠ 1923), der auf sein Betreiben seit 1913 in Berlin wirkte.
Planck befaßte sich mit den erkenntnistheoretischen Folgerungen der neuen Erkenntnisse und – musikalisch hochbegabt – mit der Theorie der Musik.
Seit 1930 Präsident der »Kaiser-Wilhelm-Gesellschaft zur Förderung der Wissenschaften«. Nach 1945 organisierte er die dann nach ihm benannte »Max-Planck-Gesellschaft« als Trägerin der wissenschaftlichen Forschung.

1918 Nobelpreis für Physik.

Aufnahme in den Orden am 17. August 1915; 1925: Erster Vizekanzler; 1930: Kanzler des Ordens, um dessen Fortbestehen während der nationalsozialistischen Zeit er sich bemühte.

M. Planck

Santiago RAMÓN Y CAJAL

Mediziner und Histologe

Geboren am 1. Mai 1852 in Petilla (Navarra, Nordspanien).

Gestorben am 17. Oktober 1934 in Madrid.

Cajal beendigte sein Medizinstudium in Madrid 1877 und wurde Professor der Anatomie in Valencia 1884, Professor der normalen und pathologischen Histologie in Barcelona 1887 und Professor derselben Fächer in Madrid 1892, seit 1900 dazu auch Direktor des neu gegründeten Instituto Nacional de Higiene.

Er verfeinerte die Technik der Silberimpregnation der Nervenfasern, die Golgi (✠1914) entwickelt hatte, und machte zahlreiche Entdekkungen auf dem Gebiet der Feinstruktur des Nervensystems. Er erbrachte entscheidende Beweise dafür, daß die Neuronen mit ihren Ausläufern und dem Axon die Grundeinheit des Nervensystems sind (was andere schon vermutet hatten).

Im Jahre 1906 Nobelpreis zusammen mit Camillo Golgi.

Aufnahme in den Orden am 17. August 1915.

Hugo Ritter von SEELIGER

Astronom

Geboren am 23. September 1849 in Biala (bei Bielitz).

Gestorben am 2. Dezember 1924 in München.

1881 Direktor der Gotha-Sternwarte, seit 1882 an der Universität München.

Markante Leistungen: Nach seiner berühmten Messung des Venus-Durchgangs (Auckland-Inseln 1874) richtungsbestimmende theoretische Arbeiten auf weiten Gebieten der Himmelsmechanik, der Fixstern- und Planeten-Astronomie (u. a. räumliche Verteilung der Fixsterne; Perihel-Bewegung des Merkur). Photometrische Untersuchungen: Saturnring, Zodiakallicht, Helligkeitsverteilung im Planetensystem. Neueinrichtung der Münchner Sternwarte: Fixsternparallaxen, Münchner Sternkatalog, Bayer. Gradmessung.

Aufnahme in den Orden am 17. August 1915.

Prof. H. Seeliger

Hugo Freiherr von FREYTAG-LORINGHOVEN

Kriegswissenschaftler

Geboren am 20. Mai 1855 in Kopenhagen.

Gestorben am 19. Oktober 1924 in Weimar.

Als Balte diente er zunächst in der russischen Armee und trat 1878 in die preußische Garde ein; 1887 besuchte er die Kriegsakademie und unterrichtete hier bis 1896 in Geschichte und Kriegsgeschichte; 1898 Major im großen Generalstab, 1910 Oberquartiermeister und Mitglied der Studienkommission der Kriegsakademie, im Weltkriege 1916 als Generalleutnant Generalquartiermeister West, 1916 Chef des stellvertretenden Großen Generalstabs in Berlin, 1918 zum General der Infanterie befördert.

1897 veröffentlichte er »Studien über die Kriegsführung im Sezessionskrieg« sowie »Heerführung Moltke's (✠1874) und Napoleons« (1910), »Generalfeldmarschall Graf Schlieffen« (1910), »Kriegsführung und Politik« (1918), »Menschen und Dinge, wie ich sie in meinem Leben sah« (1923).

Aufnahme in den Orden am 17. August 1916.

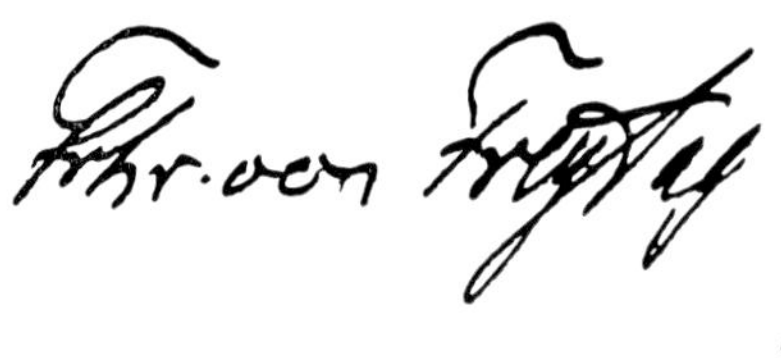

Rudolph SOHM

Rechtsgelehrter

Geboren am 29. Oktober 1841 in Rostock.

Gestorben am 16. Mai 1917 in Leipzig.

Sohm war Professor der Rechte in Freiburg, in Straßburg und seit 1887 in Leipzig.

Er trat als Rechtshistoriker durch Arbeiten zum fränkischen Recht und zur Geschichte des Eherechts hervor; er verfaßte außerdem ein pädagogisch glänzend geschriebenes Lehrbuch des römischen Rechts (Institutionen des römischen Rechts), das viele Auflagen erlebt hat. Als Kirchenrechtler arbeitete er auf geschichtlicher Grundlage die Spannungen zwischen Rechtskirche und Geisteskirche scharf heraus und gründete darauf eine eigene Theorie des Kirchenrechts (Kirchenrecht, Band 1, 1892).

Politisch wirkte Sohm als Anhänger Friedrich Naumanns im nationalsozialen Verein.

Aufnahme in den Orden am 24. Januar 1916.

Max KLINGER

Radierer und Bildhauer

Geboren am 18. Februar 1857 in Plagwitz bei Leipzig.

Gestorben am 5. Juli 1920 in Großjena bei Naumburg.

Sohn eines musischen wohlhabenden Fabrikanten in Leipzig. Sein Werdegang: Ab 1874 Kunstakademie Karlsruhe, 1877—79 in Berlin, Brüssel und München; Beginn seines großen graphischen Werkes, von Goya angeregt; gleichzeitig Maler. Von 1883—86 Aufenthalt in Paris, für seine Entwicklung sehr wichtig; in Rom von 1888 bis 1893, dort entstehen das Monumentalbild »Urteil des Paris« (1887—89) und »Blaue Stunde« (1890). Seit 1893 in Leipzig seßhaft.

Klinger gilt als einer der vielseitigsten, phantasiereichsten und fruchtbarsten Künstler seiner Zeit: Als Maler (z. B. »Venus im Muschelwagen« 1884/85; »Christus im Olymp« 1897); als Bildhauer (z. B. »Salome«, Beethoven-Denkmal für das Museum in Leipzig, Abbe-Denkmal in Jena, Brahms (✠ 1887)-Denkmal in Hamburg) — eigenartig sind seine polychromen Plastiken aus verschiedenem Material sowie seine Porträtbüsten (z. B. von Wilhelm Wundt (✠ 1912), Franz Liszt (✠ 1842), Richard Strauss) (✠ 1924) —; besonders als einfallsreicher Radierer (z. B. »Das Zelt«, »Vom Tode«, Brahms-Phantasie).

Zu erwähnen sind auch seine kunsttheoretischen Betrachtungen »Malerei und Zeichnung«.

Aufnahme in den Orden am 17. August 1917.

Max Klinger

Walther Hermann NERNST

Physiker

Geboren am 25. Juni 1864 in Briesen/Westpreußen.

Gestorben am 18. November 1941 auf Gut Ober-Zibelle bei Muskau/Oberlausitz.

Sohn eines Juristen; Studium in Zürich, Graz und Würzburg. Als Professor in Göttingen (ab 1891) Begründer der theoretischen physikalischen Chemie; sein Institut wurde zum Mittelpunkt der Forschung. 1905–1933 Professor in Berlin; 1922–1924 Präsident der Physikalisch-technischen Reichsanstalt.

Nernst erforschte elektro- und thermochemische Gesetzmäßigkeiten, er entdeckte einen thermomagnetischen Effekt (»Nernst-Ettinghausen-Effekt«) und entwickelte die Theorie der galvanischen Stromerzeugung. Mit dem »Nernstschen Wärmetheorem« (1906) stellte er den Dritten Hauptsatz der Thermodynamik auf; er gab die erste Anregung zur Anwendung der Quantenhypothese auf die atomaren Bewegungen bei tiefen Temperaturen.

1897 erfand er die »Nernst-Lampe« mit fast weißem Licht.
1920 Nobelpreis für Chemie.

Aufnahme in den Orden am 17. August 1917.

W. Nernst

Hans THOMA

Maler und Graphiker

Geboren am 2. Oktober 1839 in Bernau im Schwarzwald.

Gestorben am 7. November 1924 in Karlsruhe.

Aus bäuerlichen Verhältnissen stammend, in denen auch das Kunsthandwerk ausgeübt wurde, arbeitete Thoma zunächst als Lehrling im Lithographen- und Malerhandwerk, bevor er sich von 1859 bis 1866 an der Kunstschule in Karlsruhe und danach an der Akademie in Düsseldorf künstlerisch ausbilden konnte. 1868 erhielt er in Paris durch die Meister von Barbizon starke Impulse und gewann 1870 in München Anschluß an den Kreis um Leibl. Nach einem Studienaufenthalt in Italien führte ihn 1875 ein Auftrag auf Ausmalung eines Gartensaals nach Frankfurt am Main, wo er mit weiteren Aufträgen auf Wandfresken Fuß faßte und bekannt wurde. 1890 durch eine Ausstellung seiner Arbeiten in München hervorgehoben, schloß er sich der Münchener Sezession an. Von 1899 bis 1916 war er als Direktor der Kunsthalle und Lehrer an der Kunstakademie in Karlsruhe tätig.

Thomas Bilder (Familienbilder, Bauernbilder, Landschaften, Stilleben) zeichnen sich durch Schlichtheit und frische bis herbe Farbgebung aus. Er gilt als namhafter Vertreter eines gefühlsbetonten deutschen Realismus. Seine Darstellungen mythologischer oder religiöser Themen (aus dem Leben Jesu, 1908) in Anlehnung an Böcklinsche Vorbilder wirken heute fragwürdig, während seine Lithographien von unbestrittenem Rang sind.

Aufnahme in den Orden am 17. August 1917.

Adolf ERMAN

Ägyptologe

Geboren am 31. Oktober 1854 in Berlin.

Gestorben am 26. Juni 1937 in Berlin.

Erman war Schüler von Georg Ebers in Leipzig und von Richard Lepsius (✠ 1872) in Berlin. Dann arbeitete er in der Bibliothek und bald darauf als Assistent am Münzkabinett der Königl. Museen, war von 1884 bis 1914 Direktor des Ägyptischen Museums und daneben seit 1892 Professor an der Universität, an der er bis zu seiner Emeritierung 1923 mit großem Erfolg lehrte.

Das 1885–1886 erschienene und später neu aufgelegte (mit Hermann Ranke) Buch »Ägypten und ägyptisches Leben im Altertum« hat – neben dem über »Ägyptische Religion« – Erman weithin bekannt gemacht. Seine überragende Leistung beruhte jedoch darauf, daß er den Bau und die Grammatik der altägyptischen Sprache als erster systematisch erforschte und darüber grundlegende, bis heute im wesentlichen gültige Arbeiten vorlegte: 1878 die Pluralbildung im Ägyptischen, 1880 die Neuägyptische Grammatik, 1894 Ägyptische Grammatik. Als Krönung schuf er im Auftrag der Berliner Akademie ab 1897 (später zusammen mit Hermann Grapow) das große Wörterbuch der ägyptischen Sprache.

Aufnahme in den Orden am 17. August 1918.

Ad. Erman.

Georg Friedrich KNAPP

Nationalökonom und Staatswissenschaftler

Geboren am 7. März 1842 in Gießen.

Gestorben am 20. Februar 1926 in Darmstadt.

Knapp war einer der bedeutenden Vertreter der historischen Schule in der deutschen Nationalökonomie. Nach Tätigkeit im statistischen Büro der Stadt Leipzig hat er als ordentlicher Professor an der Universität Straßburg 1874 bis 1918 gewirkt.

Wissenschaftlich ist er vor allem als Agrarhistoriker und Geldtheoretiker hervorgetreten. Auf dem ersten Gebiet ist seine Arbeit über »Die Bauernbefreiung und der Ursprung der Landarbeiter in den älteren Teilen Preußens« (1887) lange Zeit grundlegend für die wissenschaftliche Auffassung von den Wirkungen der Stein'schen Bauernbefreiung gewesen. Seine »Staatliche Theorie des Geldes« trat der lange vorherrschenden Auffassung entgegen, wonach der Wert des Geldes auf dem Waren- bzw. Metallwert der Münzen oder der als Golddeckung benutzten Edelmetallbestände beruht und suchte demgegenüber die Auffassung zu begründen, daß die Ursache des Wertes des Geldes in der Geltung der staatlichen Gesetzgebung zu suchen ist, die das Geldwesen eines Landes organisiert. Die im ganzen heute aufgegebene Theorie hat doch ihre Bedeutung für Teilaspekte des Geldwesens, insbesondere für seine rechtliche Betrachtung behalten.

Aufnahme in den Orden am 24. Januar 1918.

G. F. Knapp.

Johannes Adolf von KRIES

Physiologe

Geboren am 6. Oktober 1853 in Roggenhausen
bei Graudenz (Westpreußen).

Gestorben am 30. Dezember 1928 in Freiburg im Breisgau.

Nach der Promovierung als Dr. med. (1876) arbeitete er in Berlin bei Helmholtz (☉ 1873) und bei Ludwig (⌖ 1889) in Leipzig. Habilitierte sich in Freiburg für Physiologie im Jahre 1878 und wurde dort ordentlicher Professor im Jahre 1884. Lehnte Berufungen nach Leipzig, Berlin und München ab.

Kries arbeitete besonders erfolgreich auf den Gebieten der Muskelphysiologie, des Kreislaufs und der Sinnesphysiologie. Einer der Hauptbegründer der »Duplizitätstheorie der Netzhautfunktion«, nach der die Netzhaut aus zwei Teilorganen besteht, den ›Stäbchen‹, die das farblose und unscharfe Dämmerungssehen vermitteln, und den ›Zapfen‹, die das farbige und scharfe Tagessehen vermitteln.

Er veröffentlichte außerdem grundlegende Arbeiten über Logik und Wahrschcinlichkeitsrechnung.

Aufnahme in den Orden am 17. August 1918.

J. v. Kries

Carl Ritter von LINDE

Ingenieur

Geboren am 11. Juni 1842 in Berndorf (Oberfranken).

Gestorben am 16. November 1934 in München.

Sohn eines Pfarrers; nach Studium in Zürich und leitender Tätigkeit im Lokomotivbau in Berlin und München war Linde von 1868 bis 1878 und von 1892 bis 1910 Professor an der Technischen Hochschule München.

Als Wissenschaftler und Techniker befaßte er sich mit thermodynamischen Arbeiten und deren industrieller Nutzung; so förderte er theoretisch und praktisch den Bau von Kompressoren. 1876 konstruierte er die erste brauchbare Kompressionskältemaschine und schuf damit die Grundlage für einen wichtigen Industriezweig. Mit dem »Lindeverflüssiger« erfand er nach dem Lindeschen Gegenstromprinzip ein technisches Verfahren zur Verflüssigung der Luft.

Dr. Ing. E. h. der Technischen Hochschule in Dresden (1902).

Aufnahme in den Orden am 24. Januar 1918.

Carl Linde.

Eduard MEYER

Historiker

Geboren am 25. Januar 1855 in Hamburg.

Gestorben am 31. August 1930 in Berlin.

Meyer, Professor in Leipzig, dann in Breslau, Halle und seit 1902 in Berlin, war ein überragender Althistoriker, man kann ohne Einschränkung sagen: einer der letzten großen Universalhistoriker des Altertums, der in gleicher Weise mit der politischen, Geistes- und Kultur-Geschichte wie mit den alten Sprachen, einschließlich der altorientalischen, vollkommen vertraut war. Von seinen zahlreichen Arbeiten, die so gut wie alle Gebiete der Altertumskunde umfaßten, Ägpyten und Vorderasien nicht ausgenommen, sind drei besonders hervorzuheben: »Caesars Monarchie und das Principat des Pompeius« (1918), »Ursprung und Anfänge des Christentums« (1921–1923), vor allem aber die »Geschichte des Altertums«, deren erster Band 1884 erschienen ist und die seitdem mehrere Auflagen erlebt hat. In diesem Werk, das unvollendet geblieben ist, obwohl es seinen Autor fast lebenslang beschäftigt hat, hat Meyer ein ungeheures, vielschichtiges und im einzelnen oft höchst kompliziertes Material verarbeitet und zwar auf Grund eigenster Forschung auf allen Gebieten. Die Verbindung der Universalgeschichte mit exaktester Detailforschung, die dieses Werk auszeichnet, ist E. Meyers größte und auch heute noch bewundernswerte Leistung.

Aufnahme in den Orden am 24. Januar 1918.

Eduard Meyer

Albert EINSTEIN

Physiker

Geboren am 14. März 1879 in Ulm.

Gestorben am 18. April 1955 in Princeton, N. J. USA.

Sohn einer Kaufmannsfamilie; nach Studium in Zürich von 1902 bis 1909 am Eidgenössischen Patentamt in Bern; Professor in Prag und Zürich (1909 bis 1914); von 1914 bis 1933 auf Betreiben von Max Planck (✠ 1915) Direktor des Kaiser-Wilhelm-Instituts für Physik in Berlin; 1933 emigriert, bis 1945 am Institute of Advanced Studies in Princeton USA.

Einstein entdeckte die Quantenstruktur der elektromagnetischen Strahlung und klärte ihre Statistik (»Bose-Einstein-Statistik«) und die Theorie der Brownschen Bewegung. Er entwickelte Plancks Energieelemente der Hohlraumstrahlung zur allgemeinen Lichtquantentheorie (»Photon«: photochemisches Grundgesetz). Mit der von ihm geschaffenen Relativitätstheorie – der »speziellen« (1905) und der »allgemeinen« (1915) – deckte er den Zusammenhang zwischen Gravitation und der Struktur von Raum und Zeit auf. Damit und mit seinem Äquivalenzgesetz von Masse und Energie, mit seinem »Spiegeldrehversuch«, dem »Einstein-de Haas-Effekt«, mit seiner vereinheitlichten Feldtheorie von Gravitation und Elektrodynamik gehört Einstein zu den bedeutendsten theoretischen Physikern.

1921 Nobelpreis für Physik.

Aufnahme in den Orden am 7. Juni 1923; 1933 Verzicht auf die Zugehörigkeit zum Orden.

A. Einstein.

Gerhart HAUPTMANN

Dichter

Geboren am 15. November 1862 in Bad Salzbrunn (Niederschlesien).

Gestorben am 6. Juni 1946 in Agnetendorf (Riesengebirge); beigesetzt in Hiddensee.

Nach gescheiterten Versuchen in Breslau und Rom als Bildhauer (1880–1884) Beginn der literarischen Arbeit; erste Erfolge mit den Dramen »Vor Sonnenaufgang« (1889) und »Die Weber« (1892).

In seinem langen Leben hat Gerhart Hauptmann mit unermüdlicher Schöpferkraft ein fast unübersehbar reiches Werk geschaffen, zu dem große, teils realistische, teils mythisch-hintergründige Romane (»Atlantis«, »Der Ketzer von Soana«, »Die Insel der großen Mutter«), breit angelegte Epen (»Till Eulenspiegel«) und Dramen ganz verschiedenen Stils gehören. Sein bleibender Ruhm gründet aber wohl auf seinen frühen Bühnenwerken. Da scheint er zunächst im Banne Ibsens zu stehen. Indem er sich aber vor allem den niederen Ständen zuwendet, in denen das Leben noch weniger von Skepsis und gesellschaftlichen Rücksichten bestimmt ist, wird es ihm möglich, unter Wahrung des naturalistischen Prinzips, das Anschwellen und den Ausbruch mächtiger Leidenschaften zu gestalten und so manchmal – schon in den »Webern« (1892), aber vor allem in »Fuhrmann Henschel« (1898) und »Rose Bernd« (1903) – eine Wirkung zu erzielen, deren Gewalt, unter ganz anderen Voraussetzungen, geradezu an die antike Tragödie erinnert und sich gegen allen Wandel des Geschmacks immer wieder durchsetzen dürfte.

1912 Nobelpreis für Literatur; Ehrendoctor von Oxford (1905), Leipzig (1909), Prag (1921), Columbia USA (1932).

Aufnahme in den Orden am 7. Juni 1923.

Felix KLEIN

Mathematiker

Geboren am 25. April 1849 in Düsseldorf.

Gestorben am 22. Juni 1925 in Göttingen.

Von 1865 bis 1870 studiert Klein in Bonn, Berlin und Paris; 1868 Promotion mit einer Arbeit über Liniengeometrie; 1871 Privatdozent in Göttingen, 1872 Ordinarius in Tübingen, dann in München (1875), Leipzig (1880) und ab 1886 in Göttingen, wo er sich aus gesundheitlichen Gründen 1913 emeritieren läßt, aber noch bis 1923 Vorlesungen hält, seit 1916 in seiner Wohnung.

Kleins wissenschaftliche Untersuchungen führten von geometrischen Fragen über die Begründung der nichteuklidischen Geometrie zur Theorie der Uniformisierung analytischer Funktionen. 1881–82 arbeitete er, gleichzeitig wie H. Poincaré, an der Theorie der automorphen Funktionen.

Nach 1892 hat Klein durch seine organisatorische Tätigkeit entscheidenden Einfluß auf die Gestaltung des mathematischen Unterrichts in Deutschland. Durch Vorlesungen in Evanston (1893) war er auch in den USA hochangesehen.

Über fünfzig Jahre wirkte er verdienstvoll an den »Mathematischen Annalen« mit; 1921–23 erschienen seine gesammelten Abhandlungen.

Aufnahme in den Orden am 7. Juni 1923.

Hugo LEDERER

Bildhauer

Geboren am 16. November 1871 in Znaim/Mähren.

Gestorben am 1. August 1940 in Berlin.

Ausbildung: In der keramischen Fachschule in Znaim (1885—88), in den kunstgewerblichen Werkstätten in Erfurt (1888—90); 1891 Gehilfe bei J. Schilling (✠ 1882) in Dresden und 1893 bei R. Toberentz in Berlin; 1895 selbständig.

Er wurde bekannt durch seine tektonisch strengen, monumental-dekorativen Plastiken z. B.: Giebelgruppe am Kaiser-Wilhelm-Museum in Krefeld (1899), Bismarck(✠1896)-Denkmal in Hamburg (1901—06), Gefallenen-Denkmäler in Berlin und Mainz. Zu erwähnen sind neben Tierplastiken und Brunnen auch die Porträtbüsten von Bismarck, Heine, Friedrich Kraus, Arthur Nikisch, Hans Pfitzner (✠ 1924), Richard Strauss (✠ 1924), Stresemann.

Aufnahme in den Orden am 7. Juni 1923.

Max LIEBERMANN

Maler

Geboren am 20. Juli 1847 in Berlin.

Gestorben am 8. Februar 1935 in Berlin.

Liebermann, aus wohlhabender jüdischer Kaufmannsfamilie stammend, machte seine künstlerische Ausbildung in Berlin, Weimar, Düsseldorf, Paris – dort von Millet, Courbet, Ribot beeindruckt – und Holland durch; ab 1878 in München, Begegnung mit Leibl. Mit der Übersiedlung 1884 nach Berlin beginnt eine neue künstlerische Phase und die Auseinandersetzung mit dem französischen Impressionismus.

Thematisch in nüchternen Szenen aus dem Volksleben und dem Gewerbe und später in bewegten Landschaftsmotiven dem neuen Realismus verbunden, hat Liebermann den deutschen Impressionismus als einer seiner bedeutendsten Vertreter mitgeprägt, gekennzeichnet durch seine erdhaften, kräftigen Farben und die großzügige Pinselführung. Auch als Porträtist und im Spätwerk als Zeichner und Graphiker bedeutend und fruchtbar.

Mitgründer und Präsident der Berliner Sezession (Mai 1898); Präsident der Preußischen Akademie der Künste.

Aufnahme in den Orden am 7. Juni 1923; 1932: Erster Vizekanzler des Ordens.

Max Liebermann

Georg Gottfried Julius DEHIO

Kunsthistoriker

Geboren am 22. November 1850 in Reval.

Gestorben am 19. März 1932 in Tübingen.

Sohn eines deutsch-baltischen Arztes. Studium der Geschichte in Dorpat und Göttingen, Schüler von G. Waitz (✠ 1885). Nach Habilitation 1877 Vorlesungen im wesentlichen über kunsthistorische Themen, ab 1883 Professor für Kunstgeschichte in Königsberg, 1892 bis 1918 in Straßburg, dann Übersiedlung nach Tübingen. Dehio hat sich mit den Einflüssen der Zeitgeschichte auf die Kunst und deren Wechselwirkung befaßt; er gilt als der grundlegende Erforscher der Architektur des Mittelalters und ihrer geistesgeschichtlichen Zusammenhänge.

Hauptwerke: »Die kirchliche Baukunst des Abendlandes« (1884–1901, 7 Bde.); »Untersuchung über das gleichseitige Dreieck als Norm gotischer Bauproportionen« (1894); »Kunstgeschichte in Bildern« (1898–1901); »Proportionsgesetz der antiken Baukunst« (1895); »Denkmale deutscher Bildhauerkunst« (1905–1910); »Handbuch der deutschen Kunstdenkmäler (1905–1912, 5 Bde.); »Geschichte der deutschen Kunst« (1919–1925, 3 Doppelbände), in der erstmalig alle Gebiete zusammengefaßt und kritisch geschlossen dargestellt werden.

Aufnahme in den Orden am 31. Januar 1924.

Richard von HERTWIG

Zoologe

Geboren am 23. September 1850 in Friedberg in Hessen.

Gestorben am 3. Oktober 1937 in Schlederlohe im Isartal.

Studium der Medizin und Zoologie in Jena, wo Ernst Haeckel, der sprühende Verfechter von Darwins (✠ 1868) Lehre, und der vergleichende Anatom Carl Gegenbaur (✠ 1902) entscheidende Anregungen gaben. 1872 Promotion zum Dr. med. in Jena, 1872–1874 Assistent am anatomischen Institut in Bonn bei Max Schultze, dem Schöpfer des Zellbegriffs. 1875 in Jena Promotion zum Dr. phil. und Habilitation für Zoologie. 1881 Berufung als Ordinarius nach Königsberg, 1883 nach Bonn, 1885 nach München, wo er durch 40 Jahre die Zoologische Staatssammlung und das aus ihr herausgewachsene Zoologische Institut leitete.

Dieses entwickelte sich zum einem internationalen Zentrum der Biologie, bevölkert von Studenten und Gästen aus allen Erdteilen. Mehr als 100 von Hertwigs Schülern wurden selbst Professoren. Er war ein hervorragender Lehrer und vielen blieb er ein väterlicher Freund. Sein klassisches Lehrbuch der Zoologie hielt er durch 15 Auflagen auf der Höhe.

Hertwigs Jugendarbeiten, meist gemeinsam mit seinem Bruder Oscar (später Anatom in Berlin), waren ausgezeichnete morphologische Untersuchungen alter Schule. Weitere Arbeiten über die Befruchtung und Entwicklung der Seeigeleier führten ihn bald zu kausaler Fragestellung und machten ihn zum Mitbegründer der experimentellen Biologie. Untersuchungen zu allgemeinen Problemen der Zellenlehre, der Protozoenkunde, zur Vererbung und Geschlechtsbestimmung haben auch der Medizin manches gegeben.

Aufnahme in den Orden am 31. Januar 1924.

Hermann von KUHL

Militärschriftsteller

Geboren am 2. November 1856 in Koblenz.

Gestorben am 4. November 1958 in Frankfurt/Main.

General der Infanterie; Dr. phil.; Ritter der Militärklasse.

von Kuhl, Sohn eines Gymnasialdirektors, wandte sich erst nach einem abgeschlossenen philologischen Studium dem militärischen Beruf zu – zunächst in der Erwartung, Lehrer an einer Kadettenanstalt zu werden. Erst nach zehnjährigem Offiziersdienst meldete er sich zur Kriegsakademie; 1897 erfolgte seine Versetzung in den Generalstab, wo sich seine Wesensart und seine hohe Begabung voll entfalten sollten. 1902 trat er mit einer Forschungsleistung ersten Ranges hervor: dem grundlegenden Buch »Bonapartes erster Feldzug von 1796, der Ausgangspunkt moderner Kriegsführung«. Vor allem aber war er als naher Mitarbeiter Schlieffens intensiv an dessen operativen Studien beteiligt und wurde folgerichtig 1914 zum Generalstabschef der rechten Flügelarmee bestellt, bei der die Entscheidung der großen Umfassungsbewegung liegen sollte. Mit der Krise, in die sie geriet, und mit seiner Rolle dabei hat sich von Kuhl 1921 in einer historisch-kritischen Gesamtdarstellung »Der Marnefeldzug« auseinandergesetzt. Auch sonst nutzte er seinen Ruhestand neben der Veröffentlichung von zahlreichen Aufsätzen zu archivalisch unterbauten und literarisch bedeutenden Studien zur selbsterlebten Geschichte. Zu nennen sind sein wohl meistgelesenes Buch »Der deutsche Generalstab in Vorbereitung und Durchführung des Weltkrieges« (1920) und die mehrfach aufgelegte Schrift »Der Weltkrieg im Urteil unserer Feinde« (1922). Schließlich wagte er schon 1929, eine Gesamtgeschichte des Weltkrieges 1914/18 in zwei sehr umfänglichen Bänden zu veröffentlichen, die seinen Ruf als Historiker fest begründet haben.

Aufnahme in den Orden am 21. Dezember 1924.

1924

Heinrich LÜDERS

Indologe

Geboren am 25. Juni 1869 in Lübeck.

Gestorben am 7. Mai 1943 in Badenweiler.

Nachdem Lüders seine Studien auf das Altindische in allen seinen Sprachstufen gerichtet hatte, trat er seine erste Professur 1903 in Rostock an. 1908 folgte Kiel und ein Jahr darauf die Berufung nach Berlin und sein Eintritt in die Preußische Akademie der Wissenschaften, deren ständiger Sekretär er 1919 als Nachfolger von Hermann Diels (✠ 1913) wurde. Nach dem Tode Eduard Meyers (✠ 1918) übernahm er die Leitung der Orientalischen Kommission der Akademie, in der er seit ihrer Begründung 1912 mit seinen Arbeiten zu den Handschriftenresten aus dem indischen Sprachraum überaus erfolgreich tätig war.

Lüders hat das außerordentlich ausgedehnte Gebiet der indischen Literatur mit weitem Blick für das Sprachliche und das Kulturgeschichtliche dieses Bereiches durchmessen. Die Entdeckung der ältesten indischen Dramenszenen in Sanskrit und in einem Volksdialekt unter den Funden aus Turfan hat seinen wissenschaftlichen Namen begründet. Seine besondere Liebe galt den Inschriften, dem Mahabharata und den Veden. Hauptwerke: Die Vyâsa-Çikshâ 1894 (seine Göttinger Dissertation); Über die Grantharecension des Mahabharata 1901; Bruchstücke der Kalpanamanditika des Kumaralata 1926; Philologica Indica. Ausgewählte kleine Schriften 1940.

Aufnahme in den Orden am 31. Januar 1924; 1931: Zweiter Vizekanzler des Ordens.

Dr. Heinrich Lüders

Hans Erich PFITZNER

Komponist

Geboren am 5. Mai 1869 in Moskau.

Gestorben am 22. Mai 1949 in Salzburg.

Seit 1892 Lehrtätigkeit am Konservatorium in Koblenz und am Sternschen Konservatorium in Berlin; Leiter einer Meisterklasse für Komposition an der Berliner Akademie der Künste (1919—29) und an der Akademie der Tonkunst in München (1930—34). Dirigententätigkeit, darunter am Theater des Westens in Berlin und am Stadttheater in Straßburg. Er war königlich-preußischer Professor (1913) und Coburgischer Generalmusikdirektor (1920).

Höhepunkt seines bedeutenden vielfältigen Schaffens ist seine Musikalische Legende Palestrina (1917). Seine musikästhetischen Schriften waren aufsehenerregend.

Dr. h. c. der Universität Straßburg (1925). Ehrenmitglied der römischen Cäcilien-Akademie (1936). Staatlicher Beethovenpreis (1931).

Aufnahme in den Orden am 21. Dezember 1924.

Eduard SCHWARTZ

Klassischer Philologe

Geboren am 22. August 1858 in Kiel.

Gestorben am 13. Februar 1940 in München.

Schwartz studierte in Bonn, Berlin, Greifswald, kehrte nach Bonn zurück, wo er 1880 promovierte und sich 1884 habilitierte. 1887 a. o., dann o. Professor in Rostock, 1893 in Gießen, 1897 in Straßburg, 1902 in Göttingen, 1909 in Freiburg, 1913 wieder in Straßburg, von wo er beim Kriegsende nach Freiburg fliehen mußte, 1919 in München. 1927–30 Präsident der Bayerischen Akademie. 1929 Emeritierung.

Der »größte Editor und Handschriftenkenner seit Immanuel Bekkers (✠ 1861) Zeiten« (A. Rehm). Grundlegende Ausgabe der Euripides-Scholien 1887/91. Edierte die Kirchengeschichte des Eusebios 1903 ff. und die Konzilsakten von 431 bis 553. In der Homerischen Frage besonders radikaler Analytiker: ›Zur Entstehung der Ilias‹ 1918. ›Die Odyssee‹ 1924. Schichtentrennung auch in dem Buch ›Das Geschichtswerk des Thukydides‹ 1919, 2. Aufl. 1924. Zusammenfassend: ›Fünf Vorträge über den griechischen Roman‹ 1896. ›Charakterköpfe aus der antiken Literatur‹ 1902.

Aufnahme in den Orden am 31. Januar 1924.

Max SLEVOGT

Maler und Graphiker

Geboren am 8. Oktober 1868 in Landshut.

Gestorben am 20. September 1932 in Neukastel/Pfalz.

Ausbildung in München bei W. Diez (1885—89), Paris (1889), Italien (1890); Reisen durch Holland und Ägypten. Lebte bis 1900 in München, dann in Frankfurt/Main (Tierbilder im Zoo), Berlin; dort wird er 1917 Professor an der Akademie der Künste.

Anknüpfend an Leibl und Trübner gelangte er in phantasievoller Meisterschaft vom braunen »Ateliertonc« zu einer helleren, silbrigen Farbigkeit und zu seinem eigenen impressionistischen Stil (z. B. seine Zoobilder und Chiemseelandschaften). Sein vielgestaltiges Werk erstreckt sich von religiösen Szenen über Landschaften und Porträts zur Graphik; hier sind zu nennen seine meisterhaften Illustrationen z. B. Ali Baba, Ilias (1907), Deutsche Märchen (1918), Zauberflöte (1920), Grimms Märchen (1922—25), Faust II, Macbeth (1927).

Im Dreigestirn des deutschen Impressionismus: Liebermann (✠ 1923), Slevogt, Corinth vertritt er das sprühend heitere süddeutsche Element aus barockem Erbgut.

Aufnahme in den Orden am 31. Januar 1924.

Max Slevogt

Richard Georg STRAUSS

Komponist

Geboren am 11. Juni 1864 in München.

Gestorben am 8. September 1949 in Garmisch.

Strauss hat neben seiner Komponistentätigkeit seit 1885 mehrere Posten als Dirigent bekleidet, darunter 1908–18 als Königlich-Preußischer Generalmusikdirektor an der Berliner Oper; 1919–24 Operndirektor der Wiener Staatsoper neben Franz Schalk. 1917–20 Leiter der Meisterklasse für Komposition an der Akademie der Künste in Berlin. Nach 1924 ohne feste Berufsbindung, doch weiterhin als Gastdirigent, besonders auch eigener Werke, international tätig. In der Zeit von 1901 bis 1935 Präsident oder Vorsitzender verschiedener Musikvereinigungen.

Nachdem er schon in den neunziger Jahren durch seine »Sinfonischen Dichtungen« als Komponist in den ersten Rang gerückt war, wandte er sich mit »Salome« (1905) vornehmlich der Oper zu. Nach »Elektra« (1909), womit die Zusammenarbeit mit Hugo von Hofmannsthal beginnt, sind die wichtigsten Etappen: »Der Rosenkavalier« (1911) und »Ariadne auf Naxos« (Neufassung 1916).

Dr. h. c. der Universitäten Heidelberg (1903), Oxford (1914), München (1949); Ehrenbürger u. a. der Städte Wien, München, Dresden.

Aufnahme in den Orden am 31. Januar 1924.

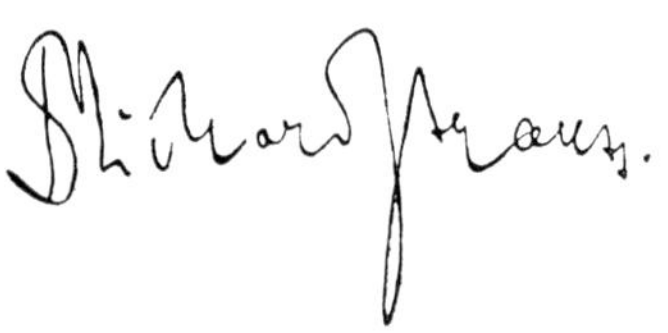
Richard Strauss.

Richard WILLSTÄTTER

Chemiker

Geboren am 13. August 1872 in Karlsruhe.

Gestorben am 3. August 1942 in Muralto bei Locarno.

Studium in München. 1894 Promotion bei Adolf v. Baeyer (✠ 1895). 1902 a. o. Professor an der Universität München. 1905—1912 Professor an der E. T. H. Zürich, 1912—1916 Abteilungsleiter am neuen Kaiser-Wilhelm-Institut für Chemie in Berlin-Dahlem. 1916 Professor der Chemie an der Universität München (Nachfolger von A. von Baeyer). 1924 Rücktritt aus Protest gegen antisemitische Strömungen bei Berufungsfragen; Fortsetzung der wissenschaftlichen Arbeit in aller Stille. 1938 Emigration in die Schweiz auf Grund der politischen Verhältnisse in Deutschland.

Willstätter studierte zunächst Struktur und chemische Synthese von Pflanzenalkaloiden wie Atropin und Cocain. Seine Arbeiten über cyclische Kohlenwasserstoffe (u. a. Synthese des Cyclooctatetraens), über Chinone und chinoide Farbstoffe führten ihn zur Beschäftigung mit den Blatt- und Blütenfarbstoffen, deren Konstitution er teilweise oder vollständig aufklären konnte. Zuletzt ausführliche Arbeiten über Enzyme.

Autobiographie »Aus meinem Leben. Von Arbeit, Muße und Freunden«.

1915 Nobelpreis für Chemie »für seine Untersuchungen von Farbstoffen im Pflanzenreich, besonders Chlorophyll«.

Aufnahme in den Orden am 31. Januar 1924.

Richard Willstätter

Hugo Freiherr von HABERMANN

Maler

Geboren am 14. Juni 1849 in Dillingen an der Donau.

Gestorben am 27. Februar 1929 in München.

Einer Offiziersfamilie mit musischer Tradition entstammend, erfuhr er seine Bildung im Pagen-Corps in München und nach dem Kriege 1870/71 bis 1879 seine Ausbildung in der Münchener Akademie. Seine Lehrer, Anreger und Vorbilder waren u. a. Piloty, Diez und Leibl.

Habermann betätigte sich vornehmlich als Porträtmaler und wurde vor allem durch seine Frauenporträts und Akte bekannt, die er in einer impressionistischen Manier in warmen bis glühenden Farben tonig malte.

1892 wurde er Mitgründer der Münchener Sezession und deren zweiter, 1904 deren erster Präsident. Aus dieser Zeit stammt sein bekanntestes Bild »Dame in grünem Kostüm« (1899). Seit 1905 lehrte er als Professor an der Münchener Kunstakademie.

Aufnahme in den Orden am 25. Juni 1925.

Ludolf von KREHL

Mediziner

Geboren am 26. Dezember 1861 in Leipzig.

Gestorben am 26. Mai 1937 in Heidelberg.

Ordentlicher Professor für innere Medizin in Jena (1892), Marburg (1899), Greifswald (1900), Göttingen (1900), Straßburg (1904) und Heidelberg (1906—1931). 1931 Direktor der Abteilung für Pathologie am Kaiser-Wilhelm-Institut für medizinische Forschung in Heidelberg.

Krehls Hauptverdienst als Wissenschaftler und Arzt ist die Befürwortung der pathologisch-physiologischen Betrachtungsweise der Krankheiten. Seine »Pathologische Physiologie«, die zuerst 1893 erschien, erlebte 13 Auflagen. Obgleich die Grundgedanken der »pathologischen Physiologie« nicht neu waren, war Krehls klare Formulierung der Wichtigkeit der funktionellen Betrachtungsweise entscheidend für das Verständnis und die Behandlung der Krankheiten und für die Entwicklung der modernen Medizin. Lieferte außerdem wichtige Beiträge zu den Gebieten des Kreislaufs und der Wärmeregulation, doch ist mit seinem Namen keine einzelne Großtat verknüpft.

Aufnahme in den Orden am 25. Juni 1925.

Prof Ludolf
v. Krehl

David HILBERT

Mathematiker

Geboren am 23. Januar 1862 in Königsberg.

Gestorben am 14. Februar 1943 in Göttingen.

1880–84 Studium mit Promotion bei Lindemann; 1885–86 Studienreise nach Leipzig und Paris, danach Privatdozent in Königsberg; 1892 Professor in Königsberg, ab 1895 in Göttingen, wo er 1930 emeritiert wird und noch bis 1934 liest; 1909 Lösung des Waringschen Problems.

Hilbert, Sohn eines Amtsrichters, hatte von der Mutter außergewöhnliche geistige Anregungen. Für seine mathematische Entwicklung in der Jugendzeit war die Freundschaft mit dem genialen, um 2 Jahre jüngeren Minkowski, mit dem er später von 1902 bis zu dessen Tod 1909 in Göttingen zusammen lehrte, und mit dem hochbegabten, 3 Jahre älteren Hurwitz von Bedeutung. Den eigentlichen Fortschritt zu einem großen Mathematiker erreichte er in den Jahren 1888–92 mit den abschließenden Untersuchungen zur Invariantentheorie; es folgten zahlentheoretische Arbeiten, insbesondere 1897 der »Zahlbericht« und die tiefgreifenden Entdeckungen über Klassenkörper. Am bekanntesten wurden seine »Grundlagen der Geometrie« (1899) sowie sein Vortrag auf dem Pariser Kongreß 1900, worin er seinen Zeitgenossen 23 ungelöste Probleme stellte. Auch die »Grundzüge einer Theorie der linearen Integralgleichungen« (ab 1904) beeinflußten die weitere Entwicklung. In der Blütezeit der Mathematik in Göttingen wirkten dort Hilbert, Klein (✠ 1923) und Minkowski gemeinsam. Später wandte sich Hilbert axiomatischen Problemen aus der theoretischen Physik und aus der reinen Mathematik zu bei dem Versuch, die Widerspruchslosigkeit zu beweisen.

Aufnahme in den Orden am 17. Januar 1926.

Hilbert

Leopold Karl Walter Graf von KALCKREUTH

Maler und Graphiker

Geboren am 15. Mai 1855 in Düsseldorf.

Gestorben am 1. Dezember 1928 in Eddelsen bei Hamburg.

Vater Landschaftsmaler Stanislaus Graf v. K.; Mutter Tochter des Bildhauers Emil Cauer. Ausgebildet in Weimar an der vom Vater gegründeten und geleiteten Kunstschule und in München als Schüler von Benczur, Piloty, Diez; stärkste Anregungen durch Freundschaft mit Lenbach. Studienreisen nach Holland, Italien und Paris, dann Professor in Weimar (1885 bis 1890), in München (bis 1895), in Karlsruhe (bis 1899), in Stuttgart (1899 bis 1905). Präsident des Deutschen Künstlerbundes seit Gründung 1903.

Sein vielseitiges Werk umfaßt neben anfänglich naturalistischen, später symbolisch aufgefaßten Schilderungen aus dem ländlichen Leben in erdhafter Herbheit auch stimmungsvolle, impressionistisch beeinflußte Landschaften(z. B. Hamburger Hafenbilder) sowie charakteristische, schlicht-natürliche Porträts zahlreicher namhafter Persönlichkeiten (z. B. Präsident Sieveking, Hamburg und Alfred Lichtwark); zu nennen sind auch seine Graphiken und Buchillustrationen (z. B. zwei Bände Deutsche Märchen 1918–21). Seine Werke finden sich in zahlreichen deutschen Museen.

Aufnahme in den Orden am 17. Januar 1926.

Leopold Kalckreuth.

Albrecht PENCK

Geograph

Geboren am 25. September 1858 in Reudnitz bei Leipzig.

Gestorben am 7. März 1945 in Prag.

Nach der Promotion in Leipzig war Penck zunächst bei der geologischen Landesaufnahme in Sachsen beschäftigt, habilitierte sich 1882 in München und wurde drei Jahre später als Professor für physische Geographie nach Wien berufen, wo er bis 1906 wirkte. Als Nachfolger Ferdinand von Richthofens übernahm er dann den Lehrstuhl an der Berliner Universität und wurde zugleich Direktor des Museums für Meereskunde. Penck vereinigte in seinem Wirken in hervorragender Weise Forschung, Lehre und Organisationstalent. Sein Spezialgebiet war die Geomorphologie. Für die Deutung und Klassifizierung der Eiszeitphänomene der Alpen und des Alpenvorlandes hat er Bahnbrechendes geleistet (Die Alpen im Eiszeitalter, 1901 bis 1909, zusammen mit Eduard Brückner).

Aufnahme in den Orden am 17. Januar 1926.

Albrecht Penck

Karl VOSSLER

Romanist.

Geboren am 6. September 1872 in Hohenheim bei Stuttgart.

Gestorben am 18. Mai 1949 in München.

Vossler studierte zunächst auch Germanistik (»Das deutsche Madrigal« 1898), dann ausschließlich Romanistik. Habilitation in Heidelberg 1900. Mit Italien durch Heirat und durch Freundschaft mit Benedetto Croce verbunden, beschäftigte er sich mit italienischer Literatur, aber auch mit provencalischen Trobardors und mit sprachwissenschaftlichen Untersuchungen: Seine Schriften »Positivismus und Idealismus in der Sprachforschung« (1904) und »Sprache als Schöpfung und Entwicklung« (1905), lebhaft diskutiert, führten die Romanistik aus der naturwissenschaftlich-anorganisch-positivistischen in eine idealistisch-aesthetische Sprachbetrachtung. a. o. Professor in Heidelberg 1903, Ordinarius in Würzburg 1909, in München 1911.

Als bedeutende Publikationen sind zu nennen: Dantes »Göttliche Komödie« (4 Bde. 1907, 2. Aufl. 1925); »Frankreichs Kultur im Spiegel seiner Sprachentwicklung« (1913, 2. Aufl. 1929); »Lope de Vega« (1932); »Luis de Leon« (1935). Als Gegner des Nationalsozialismus 1937 vorzeitig in den Ruhestand versetzt; trotzdem weitere Publikationen »Aus der romanischen Welt« (1940) und »Südliche Romania« (1940). »Poesie der Einsamkeit in Spanien« (1943). Nach Kriegsende bis 1947 wieder an der Universität München.

Vosslers Bedeutung liegt in seiner Interpretation von Sprache und Literatur unter dem Oberbegriff der Dichtung – ein Erbe Wilhelm von Humboldts und der Romantiker.

Aufnahme in den Orden am 25. Juli 1926.

Dr. Karl Vossler

Wilhelm von BODE

Kunsthistoriker und Museumsdirektor

Geboren am 10. Dezember 1845 in Calvörde bei Braunschweig.

Gestorben am 1. März 1929 in Berlin.

Sohn eines Oberlandesgerichtsrates und Mitglieds des Deutschen Reichstages; nach abgeschlossener juristischer Ausbildung ab 1869 Studium der Kunstwissenschaft in Berlin, Wien und Leipzig. Juli 1871 Beginn seiner Tätigkeit an den Kgl. Museen in Berlin zunächst als Assistent bei der Skulpturen-Abteilung und bei der Gemäldegalerie, dann Leiter der Sammlung von Bildwerken der christlichen Epoche, 1883 Direktor der Skulpturen-Abteilung und 1890 zugleich Direktor der Gemäldegalerie, 1905 Generaldirektor der Museen bis 1920.

Seinem vielseitigen und zielstrebigen Wirken verdanken die Berliner Museen die Erwerbung wesentlicher Bestände in allen Abteilungen, den Ausbau neuer Abteilungen und wichtige Museumsbauten und durch die Berufung namhafter Gelehrter hohes wissenschaftliches Ansehen. Als Museumsfachmann weltweit anerkannt, wenn auch wegen seiner Haltung zur modernen Kunst und wegen mancher Ankäufe angefeindet; bedeutend auch durch zahlreiche kunsthistorische Arbeiten über deutsche, italienische, niederländische Malerei und Plastik und über Kunstgewerbe.

1914 geadelt.

Aufnahme in den Orden am 23. Januar 1929.

Gustav Heinrich Ernst Martin Wilhelm FURTWÄNGLER

Tonkünstler

Geboren am 25. Januar 1886 in Berlin.

Gestorben am 30. November 1954 in Baden-Baden.

Die Laufbahn des großen Dirigenten führte seit 1906 über mehrere Stationen nach Leipzig, Gewandhauskonzerte (1922), und nach Berlin; 1928 Generalmusikdirektor. 1952 wurde er Dirigent der Berliner Philharmoniker auf Lebenszeit. Weitere Tätigkeit u. a.: Wiener Staatsoper, Bayreuther Festspiele, Mailänder Skala, Festspiele Salzburg. Er trat auch als Komponist und mit Schriften zur Musik hervor.

Furtwängler war eine Dirigentenpersönlichkeit von ungemein suggestiver Kraft. Seine Interpretationskunst gipfelte in der Wiedergabe Beethovenscher Werke.

Dr. phil. h. c. der Universität Heidelberg (1927). Goethe-Medaille (1932). 1937 Großer Preis der Pariser Weltausstellung.

Aufnahme in den Orden am 29. Mai 1929.

Käthe KOLLWITZ

Bildhauerin und Graphikerin

Geboren am 8. Juli 1867 in Königsberg/Ostpreußen.

Gestorben am 22. April 1945 in Moritzburg/Sachsen.

Ihre Ausbildung erhielt sie von 1885 bis 1889 in Könisberg, München, Berlin. 1891 verheiratet mit dem Arzt Karl Kollwitz. 1908 brachte ihr der »Villa-Romana-Preis« einen Studienaufenthalt in Florenz.

In den Berliner Elendsvierteln fand Käthe Kollwitz die Modelle für ihr Herz und ihre Kunst, denen sie sich fortan ganz widmete. Zyklen: »Der Weberaufstand« (1895—98), »Der Bauernkrieg« (1903—08), »Hungernde Kinder« (1920).

Als Bildhauerin wurde sie bekannt durch die Steinfiguren — ausdrucksvoll und groß geformt — der um ihren gefallenen Sohn trauernden Eltern auf dem Soldatenfriedhof Eessen in Flandern.

1919 Mitglied der Berliner Akademie der Künste mit dem Titel Professor. Während der nationalsozialistischen Zeit verfemt.

Aufnahme in den Orden am 29. Mai 1929.

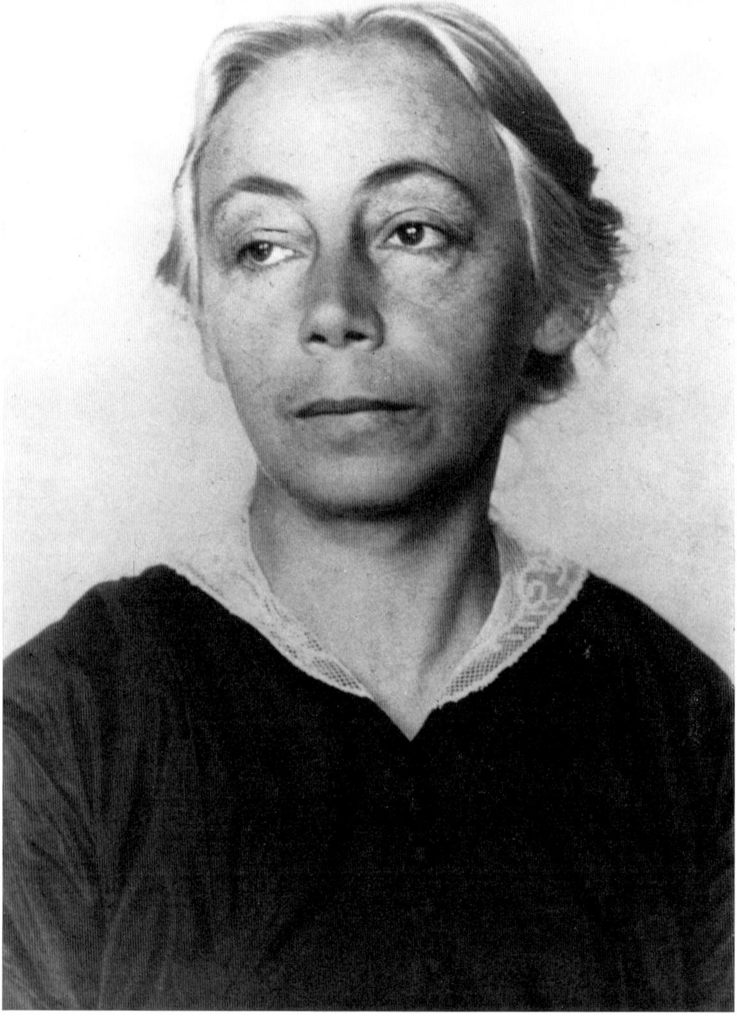

Carl STUMPF

Psychologe und Philosoph

Geboren am 21. April 1848 in Wiesentheid (Bayern).

Gestorben am 25. Dezember 1936 in München.

Professor in Würzburg 1873, in Prag 1879, in Halle 1884, in München 1889, ab 1894 in Berlin.

Bahnbrechende Arbeiten: »Über den psychologischen Ursprung der Raumvorstellung« (1873) und über »Tonpsychologie« (1883, 1890). Von Brentano und dem Physiker Wilhelm Weber (✠ 1864) beeinflußt, folgte er überall im Bereiche der Philosophie dem Ideal der induktiven Wissenschaften. Aus seiner stark deskriptiven Arbeitsweise entwickelte sich die Gestaltpsychologie Koehlers und Wertheimers.

Aufnahme in den Orden am 29. Mai 1929.

Enno LITTMANN

Orientalist

Geboren am 16. September 1875 in Oldenburg.

Gestorben am 4. Mai 1958 in Tübingen.

Littmann hat in Berlin, Greifswald und Halle orientalische Philologie studiert und ist später Professor in Straßburg, Göttingen, Bonn und von 1921 bis 1951 in Tübingen gewesen. Die Zusammenarbeit mit Theodor Nöldecke (⊛ 1888) in Straßburg, die Teilnahme an mehreren amerikanischen Expeditionen in Syrien, Kleinasien und Abessinien und die Leitung der deutschen Aksum-Expedition, die ihm 1906 übertragen worden war, sind für Littmann besonders bestimmend gewesen. Er war ein hervorragender Kenner der gesamten Semitistik, einschließlich der Epigraphik, aber auch der Kulturgeschichte und der arabischen Volkskunde. Die Erforschung der abessinischen Sprachen, einem Gebiet, dem schon seine Dissertation »Das Verbum der Tigre-Sprache« gegolten hatte, hat er zu großer Meisterschaft entwickelt.

Weit über sein Fach hinaus hat sich Littmann verdient gemacht durch die ebenso getreue wie einfühlsame Übersetzung von »Tausend und eine Nacht« nach der Calcuttaer Ausgabe von 1839.

Aufnahme in den Orden am 1. März 1931; von 1952 bis 1955: Kanzler des Ordens.

E. Littmann.

Wilhelm SCHULZE

Indogermanist

Geboren am 15. Dezember 1863 in Burgsteinfurt (Westfalen).

Gestorben am 16. Januar 1935 in Neubabelsberg.

Schulze teilte sein Studium in Berlin und Greifswald, wo er 1887 promovierte, zwischen indogermanischer Sprachwissenschaft und klassischer Philologie; für diese habilitierte er sich 1890 in Greifswald, ging aber 1892 als a. o. Professor für Indogermanistik nach Marburg, 1895 als o. Professor nach Göttingen, 1902 als Nachfolger von Johannes Schmidt nach Berlin. Seit 1903 in der Preußischen Akademie.

Nach den für die homerische Sprache und Metrik wichtigen ›Quaestiones epicae‹ (1892) hat er in dem Buch ›Zur Geschichte der lateinischen Eigennamen‹ (1904) in glänzender Methode grundlegende Einsichten in die stark etruskisch beeinflußten Frühschichten des Lateinischen vermittelt. Die Weite seines Schaffens wird in den 1934 erschienenen ›Kleinen Schriften‹ erkennbar.

Aufnahme in den Orden am 1. März 1931.

Theodor WIEGAND

Archäologe

Geboren am 30. Oktober 1864 in Bendorf am Rhein.

Gestorben am 19. Dezember 1936 in Berlin.

Wiegand ging nach dem Studium der Archäologie und Kunstgeschichte in München, Berlin und Freiburg 1895 nach Athen und bald darauf nach Priene, wo ihm nach Karl Humanns Tod die Leitung der Ausgrabung dieser hellenistischen Stadt übertragen wurde, eine Aufgabe, die er in vorbildlicher Weise löste. 1899 wurde ihm die Stelle eines Direktors bei den Preußischen Museen mit dem Sitz in Konstantinopel verliehen, von wo aus er neben vielen anderen Forschungen große Ausgrabungen in Milet, im Apollo-Heiligtum in Didyma und im Hera-Tempel auf Samos durchführte. Von 1911 bis 1931 war er Direktor der Antikenabteilung der Preußischen Museen in Berlin, von 1932 bis 1936 Präsident des Archäologischen Instituts des Deutschen Reiches.

Wiegand hat sowohl als Gelehrter wie auch als Organisator Außerordentliches geleistet. Seine Ausgrabungen, bei denen die Erforschung griechischer und römischer Architektur im Vordergrund stand, waren zu ihrer Zeit Musterbeispiele in Anlage und Ausführung. Mit dem Pergamon-Museum in Berlin, dessen Verwirklichung er in zähem Bemühen und gegen viele Widerstände durchsetzte, hat er ein großartiges Werk von bis dahin unerreichtem Rang geschaffen.

Aufnahme in den Orden am 1. März 1931.

Theodor Wiegand

Paul Fridolin KEHR

Historiker

Geboren am 28. Dezember 1860 in Waltershausen (Thüringen).

Gestorben am 10. November 1944 in Wässerndorf bei Würzburg.

1893 a. o. Professor, 1895 o. Professor für historische Hilfswissenschaften in Göttingen, Mitglied der Göttinger Akademie. 1903 Direktor des Preußischen Historischen Instituts in Rom, 1915 des neugegründeten Kaiser-Wilhelm-Instituts für deutsche Geschichte. 1915–1929 Generaldirektor der Preußischen Staatsarchive, 1915 Vorsitzender der Zentraldirektion der Monumenta Germaniae historica.

Die bedeutendsten Leistungen sind seine urkundlichen Forschungen zur Papst- und Kaisergeschichte. Er war Herausgeber bzw. Mitherausgeber der »Päpstlichen Urkunden und Regesten aus den Jahren 1358–78« (2 Bde., 1886–1889), »Die Urkunden Otto III.« (1889), Regesta Pontificum Romanorum (»Italia pontifica« 7 Bde., Berlin 1906–25); »Germania sacra« (Bd. 1 Berlin 1929).

Aufnahme in den Orden am 1. Februar 1932.

P. Fridolin Kehr

Ernst Heinrich BARLACH

Bildhauer, Graphiker und Dichter

Geboren am 2. Januar 1870 in Wedel/Holstein.

Gestorben am 24. Oktober 1938 in Rostock.

Sohn eines Arztes, Enkel eines Pastors. Ausbildung: 1888 bis 1891 Hamburger Gewerbeschule, dann bis 1895 Akademie Dresden, Meisterschüler von Robert Diez; 1896 Academie Julian in Paris; 1904/05 Lehrer an der Keramikschule in Höhr/Westerwald, dann Berlin und Güstrow. Als Graphiker für den »Simplizissimus« und die »Jugend« tätig. 1906 Reise durch Rußland.

Anfangs beeinflußt von Naturalismus und Jugendstil entwickelt er innerhalb des deutschen Expressionismus einen eigenen kraftvollen Stil, geprägt von der immer brennenden Frage »Was muß ich tun, daß ich selig werde?« und von der daraus erwachsenen Verachtung aller Conventionen einer entgeistigten Zivilisation. Auf der Suche nach dem Menschen, findet er ihn bei seiner Rußlandreise in der Notlage der russischen Bauern und Bäuerinnen, die sich ihm in symbolische Figuren menschlichen Verhaltens verwandeln – auf eine Art wie die Romantiker in Italien den Menschen zu finden glaubten. Seine monumentalen Gestalten, die in ihrer archaischen Strenge von tiefreligiöser, menschlicher Haltung zeugen, erfuhren hohe Wertschätzung. Als Beispiele sind zu nennen: Denkmäler in Magdeburg, Kiel, Hamburg; die Giebelfiguren an der Katharinenkirche in Lübeck; dazu Statuetten: »Der Rächer«, »Der Betende«, »Die Verzückten«. Seine Lithographien und Holzschnitte illustrieren u. a. seine eigenen Dramen »Der tote Tag«; »Der arme Vetter«.

1924 Kleistpreis; in der nationalsozialistischen Zeit wird seine Kunst als »entartet« gebrandmarkt.

Aufnahme in den Orden am 20. Februar 1933.

Barlach
1928
Für Herrn
Güstrow 29. Mai 1930

Heinrich WÖLFFLIN

Kunsthistoriker

Geboren am 21. Juni 1864 in Winterthur.

Gestorben am 19. Juli 1945 in Zürich.

Sohn des Latinisten Eduard Wölfflin, Schüler von Jacob Burckhardt in Basel und des Archäologen Heinrich Brunn in München; 1888 Privatdozent für Kunstgeschichte in München, 1893 ord. Professor in Basel als Nachfolger J. Burckhardts, 1901 in Berlin, 1912 in München, 1924 in Zürich.

Wölfflin gilt als der Begründer einer formgeschichtlichen Kunstgeschichtsschreibung und einer die Form und ihre eigengesetzliche Entwicklung würdigenden Kunstbetrachtung, deren Grundbegriffe aus einem Vergleich der Barock- und Renaissancekunst gewonnen wurden.

Hauptwerke in meisterhafter Darstellung: »Renaissance und Barock« (1888); »Die klassische Kunst — Eine Einführung in die italienische Renaissance« (1898); »Die Kunst Albrecht Dürers — knappe Anleitung zum Sehen der Form« (1905); »Kunstgeschichtliche Grundbegriffe« (1915); »Italien und das deutsche Formgefühl« (1922/31) »Gedanken zur Kunstgeschichte« (1941).

Aufnahme in den Orden am 20. Februar 1933.

H. Wölfflin

Paul BONATZ

Architekt

Geboren am 6. Dezember 1877 in Sogne bei Metz.

Gestorben am 20. Dezember 1956 in Stuttgart.

Sohn eines pommerschen Vaters und einer lothringischen Mutter; nach Jugend im Elsaß Studium in München, Schüler, Assistent (1902) und schließlich Nachfolger (1908) des genialen Lehrers und Baumeisters Theodor Fischer in Stuttgart.

Mit markanten Bauten: Stadthalle Hannover (1911), Hauptbahnhof Stuttgart (Baubeginn 1914, Fertigstellung 1928), Stumm-Haus in Düsseldorf setzte Bonatz neue Maßstäbe für Sachbauten und materialgerechtes, phantasievolles Bauen. Als Lehrer hochverehrt wurde »Paul Bonatz und seine Schüler« zum Qualitätsbegriff. Beim Neckarkanal und bei großen Brückenbauten am Rhein und an den Autobahnen wirkte er in beispielhafter Zusammenarbeit mit den Ingenieuren neugestaltend mit. Ab 1943 als Berater in der Türkei wurde er 1946 mit 69 Jahren o. Professor an der Technischen Universität Istanbul mit weitreichendem Einfluß auf seine Studenten; Bau der Staatsoper in Ankara, Projekt einer Brücke über den Bosporus. 1954 nach Stuttgart zurückgekehrt, übernahm er die Planung für den Wiederaufbau des Kunstgebäudes von Theodor Fischer.

Bonatz war ein europäischer begnadeter Lehrer, ein brillanter, französisch geschulter Geist, ein kultivierter, gebildeter Architekt. Eine unübersehbare Schar von Freunden gab ihm 1956 das letzte Geleit.

Aufnahme in den Orden am 31. Mai 1952.

P. Bonatz

Walther Wilhelm Georg BOTHE

Physiker

Geboren am 8. Januar 1891 in Oranienburg.

Gestorben am 8. Februar 1957 in Heidelberg.

Bothe, Sohn eines Uhrmachermeisters, war in Berlin Schüler von Max Planck (✠ 1915); von 1920 bis 1930 an der Physikalisch-Technischen Reichsanstalt in Charlottenburg tätig; 1930 Professor in Gießen, ab 1932 in Heidelberg, dort von 1934 an Direktor des Instituts für Physik am Kaiser-Wilhelm-/Max-Planck-Institut für Medizinische Forschung.

Er war maßgebend an der Entwicklung der modernen Physik beteiligt durch richtungweisende experimentelle und theoretische Arbeiten zur Kernphysik sowie durch Entdeckung der künstlichen Anregung von Kern-Gamma-Strahlung. Wichtig auch seine Forschungen über radioaktive Strahlung und Höhenstrahlung. Mit der Botheschen Coinzidenzmethode führte er den Nachweis der Gültigkeit des Energiesatzes bei der einzelnen Compton-Streuung eines Photons.

1954 Nobelpreis für Physik — zusammen mit Max Born.

Aufnahme in den Orden am 9. Oktober 1952.

W. Bothe

Ernst Robert CURTIUS

Romanist

Geboren 14. April 1886 in Thann (Elsaß).

Gestorben 19. April 1956 in Rom.

Erneuerer der romanischen Philologie über ein ausschließlich sprachwissenschaftliches und begrenzt literarhistorisches Fach hinaus zu einer umfassenden, sowohl die mittelalterlichen lateinischen oder vulgärsprachlichen Texte wie auch die moderne Literatur einschließenden Disziplin von weltmännischem Zuschnitt.

Als Schüler des in Straßburg wirkenden Gustav Gröber, Herausgeber der »Quatre Livre des reis« (1910), seit 1914 Privatdozent in Bonn, seit 1924 Ordinarius in Heidelberg, seit 1929 wieder in Bonn. Bis dahin widmete er sich dem Studium der zeitgenössischen Literatur Frankreichs (»Die literarischen Wegbereiter des neuen Frankreich«, 1919; »Französischer Geist im neuen Europa«, 1925), schrieb eine Balzac-Monographie (1923); dann wandte er sich mittelalterlichen Themen zu, die zu seinem monumentalen Hauptwerk »Europäische Literatur und lateinisches Mittelalter« (1948) führten.

Dr. iur. h. c. (Glasgow), Dr. phil. h. c. (Sorbonne). Träger des Lessingpreises der Stadt Hamburg (1950).

Aufnahme in den Orden am 31. Mai 1952.

ERCurtius

Ludwig CURTIUS

Archäologe

Geboren am 13. Dezember 1874 in Augsburg.

Gestorben am 10. April 1954 in Rom.

Curtius studierte erst Jurisprudenz und Nationalökonomie in München und Berlin, suchte sich in München auch in der Malerei auszubilden, wandte sich dann aber der klassischen Archäologie zu, in der Adolf Furtwängler sein Lehrer war. Im Hause Furtwängler unterrichtete er den Sohn Wilhelm (⊛ 1929), den späteren Dirigenten. Nach Reisen in den klassischen Ländern und der Mitarbeit bei Ausgrabungen in Kleinasien und Griechenland wurde Curtius 1908 nach Erlangen, 1918 nach Freiburg und 1920 nach Heidelberg berufen, wo er eine außerordentlich wirkungsvolle Tätigkeit als akademischer Lehrer entfaltete und im Universitätsleben jener besonders glücklichen Jahre sich nachhaltig zur Geltung brachte. 1928 ging Curtius nach Rom als Direktor des Deutschen Archäologischen Instituts, das er nicht nur zu einem Zentrum der Forschung, sondern zu einer unübersehbaren Stätte geistiger Begegnung machte, deren Mittelpunkt er selbst bildete. Nennt man Curtius' erstes Buch, das der Kunst von Ägypten und Vorderasien galt und in dem zum ersten Mal der alte Orient kunstwissenschaftlich untersucht wurde, sein Werk über die Wandmalerei Pompejis, die Bücher über die klassische Kunst Griechenlands, das antike Rom, seine Studien über römische Ikonographie, so sind das nur Stationen, Ausschnitte aus einer Fülle großer Leistungen. Die ganze Weite und Tiefe seiner geistigen Persönlichkeit offenbaren seine Lebenserinnerungen unter dem Titel »Deutsche und antike Welt«.

Aufnahme in den Orden am 9. Oktober 1952.

Gerhard DOMAGK

Mediziner

Geboren am 30. Oktober 1895 in Lagow/Brandenburg.

Gestorben am 24. April 1964 in Burgberg bei Königsfeld/Schwarzwald.

Sohn eines Lehrers; nach Heeresdienst im Ersten Weltkrieg studierte er Medizin in Kiel und Greifswald. 1927 Privatdozent für Pathologie in Münster; 1928 wurde er Leiter der chemotherapeutischen Forschung in der I.G. Farbenindustrie Bayer in Wuppertal. Hier entdeckte er 1935 die antibakterielle Heilkraft des Prontosils, der ersten Sulfonamidverbindung. Diese Entdeckung eröffnete den Weg zur wirksamen Therapie vieler Infektionskrankheiten, die früher tödliche Gefahren bedeuteten wie Lungenentzündung, Gehirnhautentzündung, Kindbettfieber, Kriegsinfektionen. Die Konsequenz aus der Entdeckung der Sulfonamide war die Entdeckung der Heilwirkung des Penicillins, wie Alexander Fleming, der Entdecker des Penicillins bezeugte. Zudem leistete Domagk wichtige Beiträge zur Entwicklung von Heilmitteln gegen die Tuberkulose, ehemals eine Volksseuche.

1939 erhielt Domagk den Nobelpreis für Medizin, durfte ihn aber wegen Hitlers Verbot nicht annehmen.

Aufnahme in den Orden am 31. Mai 1952; 1959: Erster Vizekanzler des Ordens.

Gerhard Domagk

Karl Ritter von FRISCH

Zoologe

Geboren am 20. November 1886 in Wien.

Von Frisch stammt aus zwei berühmten Gelehrtenfamilien. Schuf noch als Schüler ein Museum der lokalen Fauna, studierte zuerst Medizin, lernte bei seinem Onkel Sigmund Exner sauberes Experimentieren, ging nach dem Physikum zu Hertwig in München, promovierte 1910 in Wien, wurde danach Assistent bei Hertwig (✠ 1924) in München, wo er sich 1912 habilitierte. Widerlegte Geheimrat C. v. Hess's Behauptung, Fische und Wirbellose seien farbenblind. Entdeckte 1919 den Rundtanz, durch den die Bienen im Stock das Auffinden einer neuen Trachtquelle signalisieren, was er als die »folgenreichste Beobachtung meines Lebens« bezeichnet. 1922 als Professor in Rostock wies er Gehörvermögen bei den Fischen nach; 1923 in Breslau die verschiedene Funktion von Zapfen und Stäbchen im Wirbeltierauge.

Von Frisch wurde 1925 nach München berufen, ging 1946 nach Graz, 1950 zurück nach München. Er fand nun die richtige Auslegung des Bienentanzes und wies damit die Existenz einer »Sprache« nach, die mit echter Symbolbildung arbeitet, indem sie im finsteren Stock die Sonnenrichtung durch die Vertikale »symbolisiert« und den Winkel der Richtung der Nahrungsquelle, durch den Winkel des »Schwänzel-Laufes« zur Lotrechten. Kurz darauf entdeckte er die Orientierung der Bienen nach der Sonne und nach der Polarisationsebene des blauen Himmelslichts. Seine Arbeiten regten zu unzähligen fruchtbringenden Untersuchungen an.

Er erhielt 1973 den Nobelpreis.

Aufnahme in den Orden am 31. Mai 1952.

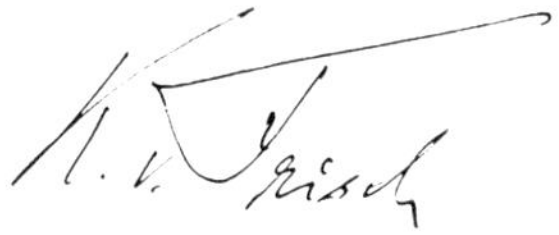

Erich HAENISCH

Sinologe

Geboren am 27. August 1880 in Berlin.

Gestorben am 20. Dezember 1966 in Stuttgart.

Nach dem Studium orientalischer Sprachen, besonders Chinesisch, Mandschu und Sanskrit, habilitierte sich Haenisch 1911 für Sinologie, wirkte von 1919 bis 1925 am Museum für Völkerkunde, wurde Professor in Leipzig und 1932 bis 1945 Inhaber des Lehrstuhls für Sinologie an der Friedrich-Wilhelm-Universität in Berlin.

Haenisch besaß ungewöhnlich genaue und unmittelbare Kenntnisse über Ostasien, seine natürlichen Zustände, seine Menschen und seine Geschichte. Er war von 1904 bis 1911 Lehrer der deutschen Sprache an der Militär-Akademie von Wutschang am Mittleren Jangtsekiang und hat während dieser Jahre auf ausgedehnten Reisen den riesigen Landkomplex von Kanton bis zum Baikalsee, vom Gelben Meer bis zu den Toren Tibets kennengelernt. 1928 hielt sich Haenisch in der Mongolei auf, 1936 arbeitete er in den Archiven von Peking, Mukden und Ulan Bator.

Unter den zahlreichen Arbeiten von Erich Haenisch ragen besonders hervor die 1952 erschienene Akademie-Abhandlung »Fürst und Volk, Soldat und Beamter in Staatsnot« und noch mehr die geniale Bearbeitung der Geheimen Geschichte der Mongolen, der ältesten mongolischen Chronik und des nationalen Heldenepos dieses Volkes.

Aufnahme in den Orden am 9. Oktober 1952.

Otto HAHN

Chemiker

Geboren am 8. März 1879 in Frankfurt/Main.

Gestorben am 28. Juli 1968 in Göttingen.

Nach seiner Promotion 1901 im Fach der organischen Chemie wandte er sich 1904/05 als Mitarbeiter von Sir William Ramsay (✠ 1911) und 1905/06 von Ernest Rutherford in Montreal (Canada) der Radiochemie zu. Seit 1912 in Berlin Leiter der radioaktiven Abteilung des Kaiser-Wilhelm-Instituts für Chemie und von 1926 bis 1946 Direktor dieses Instituts. Ab 1946 Präsident der Kaiser-Wilhelm-Gesellschaft/Max-Planck-Gesellschaft.

Seine erste Entdeckung des Radiothoriums (1905) bestimmte seinen weiteren Weg als Radiochemiker; er entdeckte weitere radioaktive Elemente z. B. das Protaktinium, Ergebnis einer erfolgreichen Zusammenarbeit mit Lise Meitner (✠ 1956). Weltweit berühmt wurde Hahn durch die Entdeckung der Uranspaltung und ihre Kettenreaktion (Ende 1938 zusammen mit F. Strassmann), die grundlegende Arbeit zur Gewinnung von Kernenergie und deren technischer Ausnutzung.

1944 Nobelpreis für Chemie und seit 1938 eine Fülle höchster akademischer Ehrungen.

Aufnahme in den Orden am 31. Mai 1952.

Max HARTMANN

Biologe

Geboren am 7. Juli 1876 in Lauterecken (Rheinpfalz).

Gestorben am 11. Oktober 1962 in Buchenbühl bei Weiler (Allgäu).

Studium in München. Promotion 1901 bei Richard Hertwig (⊙ 1924). Privatdozent in Gießen 1903. 1905 Übersiedlung an das Institut für Infektionskrankheiten (später Robert-Koch-Institut) in Berlin und Aufbau der Protozoen-Abteilung. 1914 Abteilungsleiter am neuen Kaiser-Wilhelm-Institut (Max-Planck-Institut) für Biologie in Berlin-Dahlem. 1933 Direktor an diesem Institut, das 1944 nach Hechingen und 1952 nach Tübingen verlegt wurde.

Als hervorragender Vertreter der neuen experimentellen Richtung der Biologie hat Hartmann ihre methodologischen, erkenntnistheoretischen und philosophischen Grundlagen untersucht. In erster Linie betrafen seine Forschungen Morphologie und Physiologie der Fortpflanzung, bevorzugt Studien an einzelligen Lebewesen. Von ihm stammt das Gesetz der Relativität der geschlechtlichen Differenzierung, wonach bei morphologisch nicht differenzierten Geschlechtszellen ein Gamet je nach der sexuellen Stärke seines Partners die Rolle des männlichen oder weiblichen Gameten übernehmen kann. Weiterhin Forschungen über die biochemische Steuerung der Vereinigung der Sexualzellen (Gamone) und der Nachweis von besonderen Stoffen (Termone), welche die Ausprägung des Geschlechts bestimmen.
Verfasser des Lehrbuchs »Allgemeine Biologie«.

Aufnahme in den Orden am 31. Mai 1952.
1952: Erster Vizekanzler, 1955: Kanzler des Ordens.

Max Hartmann

Paul HINDEMITH

Komponist

Geboren am 16. November 1895 in Hanau.

Gestorben am 28. Dezember 1963 in Frankfurt a. Main.

1915—23 Konzertmeister im Frankfurter Opernhaus. Bratschist im Amar-Quartett. Solistisches Auftreten, auch mit der Viola d'amore. 1921—26 maßgebend an der Organisation der Donaueschinger Musikfestspiele beteiligt. 1927—37 Leiter einer Kompositionsklasse an der Berliner Hochschule für Musik. Lehrte seit 1940 an der Yale-University (U.S.A.). Seit 1951 o. Professor an der Universität Zürich, lehrte dort bis 1957.

Hindemith war einer der führenden Komponistenpersönlichkeiten zwischen den zwei Weltkriegen. Sein umfangreiches Schaffen umfaßt alle Gattungen. Im Mittelpunkt seines Werks steht die Oper »Mathis der Maler«. Große Wirkung hatte er auch durch seine Musik für die Jugend. — Musiktheoretische Studien und Lehrerfahrung fanden ihren Niederschlag in seiner vielbeachteten Unterweisung im Tonsatz (1937).

1955 Sibelius- Preis.

Aufnahme in den Orden am 31. Mai 1952.

Paul Hindemith

Karl HOFER

Maler und Graphiker

Geboren am 11. Oktober 1878 in Karlsruhe.

Gestorben am 3. April 1955 in Berlin.

Nach vierjähriger Buchhändlerlehre ab 1896 an der Karlsruher Akademie Schüler von Hans Thoma (✠ 1917) und Leopold Graf v. Kalckreuth (✠ 1926), dem er 1902 nach Stuttgart folgt; daneben Einflüsse von Böcklin und Marées. In Paris (1899–1901) findet er in Cezannes Werken sein Vorbild. Aufenthalte in Rom (1903–08) und wieder in Paris (1908–13), unterbrochen von 2 Reisen nach Indien und an die Malabar-Küste (1909 und 1911), prägen seine Eigenart. 1913 und – nach Internierung in Frankreich während des 1. Weltkrieges – ab 1919 in Berlin; in der nationalsozialistischen Zeit wird er als Professor an der Berliner Akademie 1933 mit Arbeits- und Ausstellungsverbot entlassen, seine Bilder werden als »entartet« vernichtet oder verschleppt und – von ihm neugemalt – 1943 in seinem Atelier kriegszerstört. Er wiederholt die Bilder aus dem Gedächtnis, gründet die Berliner Hochschule für Bildende Künste neu und wird 1947 ihr Präsident.

Hofer, einer der Hauptmeister des deutschen Expressionismus, verbindet in seinen fast architektonisch komponierten Bildwerken klassische Monumentalität mit einer sehr persönlichen, verhaltenen und strengen Farbgebung. Neben seine Landschaften und weiblichen Halbakte tritt später das symbolische Bild (z. B. »Harlekin«, »Gefangene« (1933), »Schwarzes Zimmer« (1942), »Alarm« (1945)) als Dokument kritischer Distanz zur Zeit.

Aufnahme in den Orden am 31. Mai 1952.

Karl Hofer

Erich KAUFMANN

Rechtswissenschaftler

Geboren am 21. September 1880 in Demmin.

Gestorben am 5. November 1972 in Karlsruhe.

1908 Priv. Doz. in Kiel; 1913 o. Prof. der Rechtswissenschaft in Königsberg, ab 1917 in Berlin; 1934 zwangsweise emeritiert; 1938–1945 in der Emigration; ab 1946 o. Prof. in München; 1950–1958 Rechtsberater des Bundeskanzleramts, dann des Auswärtigen Amts in Bonn.
Kaufmann vertrat in seinen theoretischen Schriften, so u. a. in seiner ›Kritik der neukantischen Rechtsphilosophie‹, eine dem Positivismus abgewandte, an der Geschichte und Philosophie orientierte Rechtsidee. Kaufmanns Anschauung vom Staat und von der Völkerrechtsordnung waren durch Hegel geprägt; in ihm erkannte er die konsequenteste Ablehnung jeder bloß normativen, sowie jeder auf Existenzialismus und Voluntarismus gegründeten Rechtsauffassung. Der historische Staat war für Kaufmann ein Gebäude des objektiven Geistes, in dem sich dieser durch Geschichte selbst verwirklichte. In den Beziehungen der Staaten, dic durch das Völkerrecht geregelt werden, stellte er die Realitäten der Macht nicht in Frage, wurde aber nicht an der Möglichkeit irre, diese durch die Kraft des Rechts eindämmen zu können. Kaufmanns weithin verstreutes Lebenswerk liegt in 3 Bänden seiner Gesammelten Schriften (1960) vor, deren innerer Zusammenhang in seinen Einleitungen sichtbar wird.
Theorie und praktisch-politisches Handeln bildeten für Kaufmann stets eine Einheit. Nach den beiden Weltkriegen hat er als juristischer Experte und Rechtsberater durch seinen tätigen Rat wesentlich dazu beigetragen, die außenpolitische Stellung der Weimarer Republik und der Bundesrepublik Deutschland politisch und völkerrechtlich im System der westlichen Mächte zu festigen.
Aufnahme in den Orden am 31. Mai 1952; von 1955 bis 1959 Zweiter Vizekanzler; von 1959 bis 1964 Kanzler des Ordens.

Max Theodor Felix von LAUE

Physiker

Geboren am 9. Oktober 1879 in Pfaffendorf bei Koblenz.

Gestorben am 24. April 1960 in Berlin.

Sohn eines höheren Militärbeamten; Doktorand bei Max Planck (✠ 1915), Professor in Zürich (1912), Frankfurt/M., Berlin (1919–1943), Göttingen (1946–1951); Direktor des Fritz-Haber-Instituts der Max-Planck-Gesellschaft in Berlin (1951–1960).

Er entdeckte im Juni 1912 in München die Wellennatur der Röntgenstrahlen und die atomistische Raumgitterstruktur der Kristalle durch den Nachweis und die Theorie von Interferenzerscheinungen, wobei W. Friedrich und P. Knipping die Experimente ausführten. Damit schuf v. Laue die theoretischen Grundlagen für die Verfahren zur Röntgenspektroskopie der Festkörper. Wichtig sind auch seine grundlegenden theoretischen Untersuchungen über Lichtstreuung, Materiewellen und Supraleitung. Mit Albert Einstein (✠ 1923) war Laue eng befreundet. 1911 gab er die erste zusammenfassende Darstellung der Relativitätstheorie.

1914 Nobelpreis für Physik.

Aufnahme in den Orden am 31. Mai 1952.

M. v. Laue

Theodor LITT

Philosoph

Geboren am 27. Dezember 1880 in Düsseldorf.

Gestorben am 16. Juli 1962 in Bonn.

Ab 1920 Professor in Leipzig, 1937 suspendiert, 1946 wieder eingesetzt, ab 1949 Professor in Bonn.

Ausgehend von seinen Erfahrungen als Schulmann entwickelte Litt unter dem Einfluß von Dilthey (✠ 1908), Simmel und Troeltsch eine breit angelegte Geschichtstheorie (Individuum und Gemeinschaft, 1920; Mensch und Welt; Denken und Sein, 1948) und Theorie der Erziehung (Führen oder Wachsenlassen?, 1927; Die politische Selbsterziehung des Deutschen Volkes, 1954). Er hatte im besonderen an der Erneuerung der Hegelstudien Anteil.

Dank einer einzigartigen Kunst der Rede übte er auf das deutsche Bildungswesen stärkste Wirkung aus.

Aufnahme in den Orden am 9. Oktober 1952.

Th. Litt

Gerhard MARCKS

Bildhauer

Geboren am 18. Februar 1889 in Berlin.

Schüler von R. Scheibe. Von Walter Gropius berufen wirkt Marcks von 1919 bis 1925 am »Bauhaus« in Weimar, von 1925 bis 1928 zunächst als Lehrer, dann als Direktor an der Kunstgewerbeschule Halle-Giebichenstein. 1928 Villa-Romana-Preis und Studienreisen nach Griechenland, Italien, Frankreich. 1933 aus politischen Gründen von seinem Lehramt entfernt, 1937 in der Aktion »Entartete Kunst« mit Arbeits- und Ausstellungsverbot belegt; 24 seiner Werke werden konfisziert. 1946 bis 1950 Professor an der Landeskunstschule Hamburg, 1950 Übersiedlung nach Köln.

Den jungen Bildhauer hat der Expressionismus geprägt, später bildet sich in ihm eine ruhigere Vorstellung von der menschlichen Figur, dem »Abenteuer des Bildhauers«. Mensch und Tier wandelt er ab in unzähligen plastischen Darstellungen und in charakteristischen Holzschnitten. Seine Formensprache ist herb, nordisch, mit spürbarer Sehnsucht nach den Griechen.

Hauptwerke: 6 große Figuren an der Fassade der Lübecker Katharinenkirche (Fortsetzung der von Barlach begonnenen Reihe), Ehrenmal auf dem Friedhof in Hamburg-Ohlsdorf, »Trauernde« vor St. Maria im Kapitol in Köln, Bronzeengel als Kriegerdenkmal in Mannheim, Kirchentür Marktkirche Hannover, Schmerzensmutter vom Totenmal Bourdon.

Das Gerhard-Marcks-Haus in Bremen gibt einen umfassenden Einblick in das Lebenswerk des bedeutenden Künstlers.

Aufnahme in den Orden am 9. Oktober 1952.

Gerhard Marcks

Friedrich MEINECKE

Historiker

Geboren am 30. Oktober 1862 in Salzwedel (Altmark).

Gestorben am 6. Februar 1954 in Berlin-Dahlem.

Nach Studium in Berlin bei Droysen, v. Sybel (✠ 1874), Koser (✠ 1912), v. Treitschke (✠ 1887), Mommsen (✠ 1868) Eintritt in den preußischen Archivdienst (1887); o. Professor in Berlin (1899), Straßburg (1901), Freiburg/Br., (1906), seit 1914 bis zur Emeritierung wieder in Berlin. Ab 1894 durch vier Jahrzehnte Leitung der »Historischen Zeitschrift«, 1928 Vorsitzender der neu gegründeten Historischen Reichskommission. Nach deren Auflösung durch das nationalsozialistische Regime 1935 lebte Meinecke zurückgezogen nur seiner wissenschaftlichen Arbeit. 1948 wurde er erster Rektor der unter seiner Mitwirkung gegründeten Freien Universität Berlin.

Bedeutung und breite Wirkung Meineckes beruhen auf seinen großen ideengeschichtlichen Werken: »Weltbürgertum und Nationalstaat«, »Die Idee der Staatsraison in der neueren Geschichte«, »Die Entstehung des Historismus«. Es sind Wanderungen von Gipfel zu Gipfel, von Denker zu Denker, feingesponnene Nachvollziehungen dessen, was Andere – in der Spannung zwischen Wünschbarkeit und Wirklichkeit – gedacht hatten. Durch den Ersten Weltkrieg in seiner »sonnigen Auffassung der Macht« gründlich gewandelt, suchte er, sich, seine Schüler und Zunftgenossen mit der Niederlage von 1918 wie mit der Demokratie zu versöhnen. Nach dem Zusammenbruch 1945 lehrte er wieder und blieb wie in der ganzen Zeitspanne seines Wirkens in seltener geistiger Wachheit ein, wenn nicht starker, so doch redlicher und ahnungsvoller Berater seiner Nation.

Aufnahme in den Orden am 31. Mai 1952.

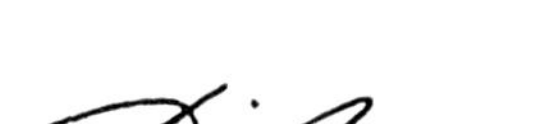

Emil NOLDE

Maler und Graphiker

Geboren am 7. August 1867 in Nolde/Kr. Tongern.

Gestorben am 13. April 1956 in Seebüll/Nordschleswig.

Emil Hansen, der sich später als Künstler nach seinem Geburtsort Nolde nannte, stammte aus alteingesessenem Bauerngeschlecht, lernte von 1885–89 an der Holzschnitzerschule in Flensburg, war von 1892–1898 selbst Lehrer an der Gewerbeschule in St. Gallen. Seit 1899 Ausbildung als Maler in München, Paris und Kopenhagen; 1905–07 in Dresden Beziehungen zur »Brücke« (Schmidt-Rottluff) (✠ 1956); bei einer Reise in die Niederlande 1911 Begegnung mit Ensor; 1912 Verbindung zum »Blauen Reiter«; 1913/14 Reise nach Rußland, Sibirien, Japan, Südsee; nach 1918 in Berlin oder auf seinem Hof Seebüll. In der Zeit des nationalsozialistischen Regimes wurden seine Kunstwerke als »entartet« bezeichnet, er selbst erhielt 1941 Malverbot.

Nolde gehört zu den Hauptvertretern des deutschen Expressionismus. In seinem weitgespannten, von Naturnähe und Gläubigkeit geprägten Werk ist die Farbe das stärkste Ausdrucksmittel sowohl in seinen religiösen, dämonischen und maskenhaften Darstellungen wie auch in seinen Bildern von der See, von Landschaften und Blumen. Daneben nehmen seine vielen Aquarelle und graphischen Blätter einen hohen Rang ein. Über das Wesen der Kunst hat er sich in eigenen Schriften Gedanken gemacht: »Das eigene Leben« (1931, 1949) und »Jahre der Kämpfe« (1934).

Aufnahme in den Orden am 9. Oktober 1952.

Emil Nolde

1952

Karl REINHARDT

Klassischer Philologe

Geboren am 14. Februar 1886 in Detmold.

Gestorben am 9. Januar 1958 in Frankfurt a. M.

Professor in Marburg (1916), in Hamburg (1919), in Frankfurt (1923), in Leipzig (1942), wieder in Frankfurt (1946).

Reinhardt, Sohn eines bekannten Gymnasialreformers, der zum Kreis um Usener (✠ 1897) und Bücheler (✠ 1906) gehört hatte, promovierte 1910 über die Theologie der Griechen in der spätantiken Homererklärung. Nach Habilitation in Bonn (1914) trat er mit seinem »Parmenides« (1916) den Auffassungen Diels (✠ 1913) über Zeitfolge und Entwicklung der frühgriechischen Denker entgegen. Mit seinen auf exakter philologischer Tradition fußenden Forschungen und seinen vom Stefan-George-Kreis und Nitzsche beeinflußten geistesgeschichtlichen Darstellungen über die vorsokratische Zeit gab er neue Anstöße für das Verständnis der Geschichte der griechischen Philosophie und Dichtung.

Zu nennen sind: »Poseidonios« (1921), »Platons Mythen« (1927), die Interpretation von Sophokles (1923, 1947), »Aischylos als Regisseur und Theologe« (1949, 1961), »Die Ilias und ihr Dichter« (unvollendet, 1961 von U. Hölscher herausgegeben).

In ebenso genialer wie eigenwilliger Weise hat Reinhardt, als Lehrer besonders geschätzt, in seinen Arbeiten die Antike zum Leben gebracht.

Aufnahme in den Orden am 9. Oktober 1952.

Karl Reinhardt

Otto RENNER

Botaniker

Geboren am 25. April 1883 in Neu-Ulm.

Gestorben am 8. Juli 1960 in München.

Vielseitig interessiert und begabt. Das Sammeln und Bestimmen der Pflanzen wurde frühzeitig zur Leidenschaft. Renners Vertrautheit mit der Systematik blieb eine wertvolle Grundlage für spätere experimentelle Arbeiten.

Das humanistische Gymnasium absolvierte Renner als Primus. Studium der Botanik in München, Promotion 1906. Nach einem Semester beim genialen Pflanzenphysiologen Pfeffer (✠ 1908) in Leipzig wurde er Assistent und Kustos bei Goebel in München. Habilitation 1911, planmäßiger a. o. Prof. f. Pflanzenphysiologie und Pharmakognosie 1913. Im 1. Weltkrieg dem Lazarett in Ulm zugeteilt, wurde er nach wenigen Wochen Abteilungsvorstand und mit dem Seuchenschutz betraut.

1920 als Ordinarius und Direktor des Botanischen Gartens nach Jena berufen, wo er 28 Jahre wirkte und 6 Berufungen ablehnte, bis ihn 1948 München zurückrief. 1952 emeritiert, aber weiter wissenschaftlich tätig bis zum letzten Lebenstag.

Zwei Hauptarbeitsgebiete: als Pflanzenphysiologe entschied er durch scharfsinninge Versuche die Streitfrage, ob der Wassertransport in den feinen Kanälchen eines Baumstammes von der Wurzel bis in die Krone durch Kräfte der lebenden Zellen oder rein physikalisch bewirkt sei, zugunsten der letzteren Auffassung. Als Genetiker lieferte er entscheidende Beiträge zur Kenntnis der Mutationen und zu unseren Vorstellungen von der stammesgeschichtlichen Wandlung der Arten.

Aufnahme in den Orden am 9. Oktober 1952.

Paul SCHMITTHENNER

Architekt

Geboren am 15. Dezember 1884 in Lauterberg im Elsaß.

Gestorben am 11. November 1972 in München.

Er begann seine Studien in Karlsruhe, war einige Semester in München, machte 1907 das Diplom in Karlsruhe. 1909, nachdem er Stadtbaumeister von Colmar gewesen war, kam er zu Riemerschmid nach München. Schon früh zeigt sich sein besonderer Sinn für saubere Konstruktion und werkgerechtes Bauen. Er wird später der Begründer der Werkgerechtigkeit, die die »Stuttgarter Schule« auszeichnet.

Während des 1. Weltkrieges gestaltet er die Gartenstadt Staaken, die den Siedlungsbau maßgeblich beeinflußt. 1918 holt ihn Bonatz (✠ 1952) an die Technische Hochschule Stuttgart, wo eine ideale Zusammenarbeit im Kreis bedeutender Kollegen zum Wohle der jungen Architekten ihren Anfang nimmt. Er bezaubert seine Schüler, mit Begeisterung erfüllen sie seine harten Forderungen. Vielen wird er prägendes Vorbild. Bekannte Bauten Schmitthenners in Stuttgart: Das Haus des Deutschtums (1924/25), die Schule in Zuffenhausen (1930), erster Aufbau des Alten Schlosses nach dem Brand (ab 1932), nach der Zerstörung im 2. Weltkrieg Wiederaufbau ab 1958; Dresdner Bank (1950–53).

Unerreicht ist die Noblesse und die Ausgewogenheit seiner Wohnbauten; als Beispiele seien genannt: das schöne »Gespann« in Badenweiler: die Häuser für die Freunde Annette Kolb (✠ 1966) und René Schickele (1922) und das Haus Kienzle in Baden-Baden (1965).

Schmitthenner war u. a. Ehrenmitglied der Akademie der bildenden Künste in München.

Aufnahme in den Orden am 9. Oktober 1952; 1959: Zweiter Vizekanzler des Ordens.

Paul Schmitthenner

Reinhold SCHNEIDER

Schriftsteller und Dichter

Geboren am 13. Mai 1903 in Baden-Baden.

Gestorben am 6. April 1958 in Freiburg i. Br.

Nach kaufmännischer Ausbildung freier Schriftsteller in Potsdam und Berlin, seit 1938 in Freiburg i. Br. 1956 erhielt er den Friedenspreis des Deutschen Buchhandels.

Selbstbiographisches u. a. in »Verhüllter Tag« (1954) und in »Winter in Wien« (1958).

Seine Erzählungen, Dramen, historischen Darstellungen und Essays handeln in breiter Streuung vor allem über Themen der abendländischen Geschichte, die immer als Heil- und Unheilsgeschehen, als Gericht, als tragische Auseinandersetzung zwischen Glauben und Unglauben, Gewissen und Macht, Staat und Kirche begriffen wird. Sie sind immer verbunden mit einem unbestechlichen Blick für die geistig-politische Zeitproblematik im unkonformistischen Kampf für eine Friedensordnung. Schwermut und Glaube zusammen machen dic Grundstimmung seiner Werke aus. Seine illegal verbreiteten Sonette und religiösen Trostschriften gehören zu den bedeutendsten Zeugnissen des geistigen Widerstands in der nationalsozialistischen Zeit.

Aufnahme in den Orden am 9. Oktober 1952.

Reinhold Schneider

Rudolf Alexander SCHRÖDER

Dichter

Geboren am 26. Januar 1878 in Bremen.

Gestorben am 22. August 1962 in Bad Wiessee.

Ab 1903 in seiner Vaterstadt Bremen und in Oberbayern tätig als vielseitiger freier Schriftsteller, aber auch als Innenarchitekt (z. B. Passagierdampfer »Bremen«), Maler, Verleger und Herausgeber (z. B. Zeitschrift »Insel«).
Unter seinen Freunden und Zeitgenossen — Hugo von Hofmannsthal, Stefan George, Rudolf Borchardt — zeichnet sich Rudolf Alexander Schröder durch eine einzigartige Sprachvirtuosität aus, die keine Grenzen zu kennen scheint. In seinem stattlichen lyrischen Werk, das weltliche und geistliche Gedichte umfaßt, ist es ihm gelungen, die verschiedensten Formen mit der Kraft seiner Persönlichkeit neu zu beleben und, obwohl auf dem festen Grund der Tradition, einen nur ihm eigenen, oft prunkvoll-pathetischen, oft kunstvoll-schlichten Ton zu finden.
Ebenso bedeutend ist er als Übersetzer aus dem Griechischen, Lateinischen, Französischen, Englischen, Flämischen. Besonders hervorzuheben sind seine deutsche Ilias und Odyssee, seine Horaz-Übertragung und seine Einbürgerung einiger im deutschen Sprachbereich allzu wenig bekannter niederländischer Dichter. Das größte Verdienst, das er sich als Übersetzer erworben hat, besteht aber wohl in seiner Verdeutschung einiger Tragödien Racines. Es ist ihm als erstem gelungen, den seit zwei Jahrhunderten aus der deutschen Literatur fast ganz verschwundenen Alexandriner in einer Weise zu erneuern, die der vornehmen, verhaltenen Leidenschaft und Pracht des französischen Tragikers entspricht.
Das dichterische Schaffen begleiten zahlreiche Essays, die von erstaunlicher weltliterarischer Bildung zeugen.
Aufnahme in den Orden am 31. Mai 1952; 1952: Zweiter Vizekanzler, 1955: Erster Vizekanzler des Ordens.

Renée SINTENIS

Bildhauerin und Graphikerin

Geboren am 20. März 1888 in Glatz/Schlesien.

Gestorben am 22. April 1965 in Berlin.

Von 1908 bis 1911 Studium an der Berliner Kunstgewerbeschule unter Leo von König und Haverkamp; Meisterschülerin bei Bruno Paul. 1914 heiratete sie den Maler, Schriftkünstler und Humanisten Emil Rudolf Weiss. Ab 1933 ist ihr wegen ihrer jüdischen Abstammung die Tätigkeit in der Öffentlichkeit verboten; 1947 wird sie Professor an der Hochschule für Bildende Künste in Berlin.

Renée Sintenis ist weithin bekannt geworden durch ihre anmutigen und meisterhaften Tierplastiken kleinen Formats, in denen eingehende Naturbeobachtung der passionierten Reiterin sich mit großzügiger Stilisierung verbindet zu lebensnaher Darstellung besonders des jungen Tieres. Daneben ist der menschliche Körper ein Thema ihrer Kunst (z. B. Läufer Nurmi). Auch Bildnisköpfe sind zu nennen (z. B. Selbstbildnis, Joachim Ringelnatz, Bengt Berg, André Gide, Ludwig Klages). Ihre Plaketten und Medaillen sowie ihre Illustrationen und Mappenwerke (z. B. Badende Mädchen, Sappho, Das Tigerschiff) sind geschätzt.
1932 Olympia-Preis; 1948 Kunstpreis der Stadt Berlin.

Aufnahme in den Orden am 31. Mai 1952.

Eduard SPRANGER

Philosoph

Geboren am 27. Juni 1882 in Berlin.

Gestorben am 17. September 1963 in Tübingen.

Nach Habilitation in Berlin (1909) Professor in Leipzig (ab 1911), in Berlin (1920—1946), dann in Tübingen.

Unter dem bestimmenden Einfluß von Wilhelm Dilthey († 1908) und seiner Typenlehre war Spranger um philosophische Grundlegung und Ausbau der Geisteswissenschaften, besonders um Entwicklung einer geisteswissenschaftlichen Psychologie bemüht, die vor allem für die Erziehungswissenschaften Bedeutung gewann; daher sein weitreichendes Ansehen im pädagogischen Bereich. »Lebensformen« (1921; 8. Aufl. 1950), »Psychologie des Jugendalters« (1924; 25. Aufl. 1960) sind seine über die ganze Welt verbreiteten Hauptwerke, die eine strukturpsychologisch orientierte Pädagogik begründeten. Zu erwähnen sind auch seine »Gedanken zur staatsbürgerlichen Erziehung«.

Dem deutschen Idealismus geistverwandt, widmete er dieser Epoche des deutschen Geistes eine Reihe kulturhistorischer Studien z. B. »Schillers Geistesart« (1941), »Goethes Weltanschauung« (1933).

Dr. h. c. zahlreicher Universitäten des In- und Auslandes.

Aufnahme in den Orden am 31. Mai 1952.

Otto WARBURG

Biochemiker

Geboren am 8. Oktober 1883 in Freiburg/Brsg.

Gestorben am 1. August 1970 in Berlin.

Studium der Chemie in Freiburg und Berlin. Promotion 1906 bei Emil Fischer (✠ 1904). Anschließend bis 1911 Medizinstudium in Heidelberg bei Ludolf von Krehl (✠ 1925). 1913—1930 Abteilungsleiter am Kaiser-Wilhelm-Institut für Biologie in Berlin-Dahlem. 1930—1970 Direktor des Kaiser-Wilhelm-/Max-Planck-Instituts für Zellphysiologie in Berlin-Dahlem.

Warburg gehört zu den Begründern der modernen Biochemie. Er hat sich unter Verwendung neuer Methoden mit den drei Grundphänomenen des Lebens: Atmung, Gärung und Photosynthese beschäftigt und überall fundamentale Erkenntnisse erzielt. Er hat die Funktion des Eisens bei der Zellatmung klargestellt; er hat die Wirkungsgruppen wasserstoffübertragender Coenzyme: Flavin und Nikotinsäureamid entdeckt und ihre Funktion in den chemischen Prozessen der Atmung und Gärung aufgeklärt. Schließlich konnte er auch den Prozeß der Umwandlung der chemischen Energie des Gärungsprozesses in diejenige der Lebensvorgänge aufklären, was nach Warburg im Stoffwechsel der Tumoren eine besondere Rolle spielt. Während normale Gewebe ihren Energiebedarf unter Sauerstoff durch die Atmung decken, leben die Tumoren großenteils auf Kosten der anaeroben Spaltung des Zuckers zu Milchsäure.

1931 Nobelpreis für Medizin.

Aufnahme in den Orden am 31. Mai 1952.

Otto Warburg

Heinrich WIELAND

Chemiker

Geboren am 4. Juni 1877 in Pforzheim.

Gestorben am 5. August 1957 in München.

Studium in Berlin, Stuttgart und München. Promotion 1901 bei Johannes Thiele. Professor der Chemie an der Technischen Hochschule München (1917–1921), an den Universitäten Freiburg (1921–1925; Nachfolger von L. Gattermann) und München (1925–1950; Nachfolger von R. Willstätter) (✪ 1924).

Wieland war ein besonders vielseitiger und produktiver organischer Chemiker. Im ganzen liegen 400 Veröffentlichungen von ihm vor und an die 600 Schüler und Mitarbeiter haben unter seiner Anleitung experimentiert. Von ihm stammen die Entdeckung der Radikale mit zweiwertigem Stickstoff und Arbeiten über die chemische Struktur der Morphium- und Lobelia-Alkaloide, der Bitterstoffe des Hopfens, der Krötengifte, der Curare-Pfeilgifte, der Giftstoffe des Knollenblätterpilzes und der Schmetterlingsfarbstoffe. Mit der Aufklärung der chemischen Konstitution der Gallensäuren schuf er die Basis zu einem großen Wissensgebiet der Naturstoffchemie. Mit seiner »Dehydrierungstheorie« wurde ein ganz grundlegender Einblick in den Verlauf der biologischen Oxydationsvorgänge gewonnen.

Förderung des Unterrichts durch das in nahezu 100 Auflagen erschienene Lehrbuch: »Praxis des organischen Chemikers«. Herausgeber von »Justus Liebigs (✪ 1851) Annalen der Chemie«.

1927 Nobelpreis für Chemie »für seine Untersuchungen über die Konstitution der Gallensäuren und verwandter Stoffe«.

Aufnahme in den Orden am 9. Oktober 1952.

Adolf WINDAUS

Chemiker

Geboren am 25. Dezember 1876 in Berlin.

Gestorben am 9. Juni 1959 in Göttingen.

Studium der Medizin in Freiburg und Berlin, dann, durch Emil Fischer (✣ 1904) angeregt, Chemiestudium in Freiburg. Promotion 1899 bei Heinrich Kiliani. 1903 Habilitation. 1913—1915 Professor für Angewandte medizinische Chemie in Innsbruck. 1915—1944 Professor für Chemie an der Universität Göttingen (Nachfolger von O. Wallach).

Windaus begann 1901 breit angelegte Untersuchungen an Cholesterin und verwandten Sterinen, voraussehend, daß Cholesterin der Vorläufer anderer Naturstoffe sein müsse. Es gelang ihm dann auch, die Verbindung zwischen Cholesterin und den Gallensäuren auf chemischem Wege herzustellen, das antirachitische Vitamin D aus Erosterin, dem Sterin der Hefe, auf photochemischem Weg zu gewinnen und seine chemische Struktur aufzuklären. Ertragreiche Untersuchungen über Imidazolderivate führten u. a. zur Strukturermittlung des Eiweißbausteins Histidin und zur Entdeckung von Histamin, einem Hormon von großer physiologischer Bedeutung. Nach Isolierung des antineuritischen Vitamin B_1 aus Hefe wesentliche Beiträge zu dessen Strukturermittlung. Aus der Schule von Windaus sind zahlreiche bedeutende Forscher hervorgegangen.

1928 Nobelpreis für Chemie »für seine Verdienste um die Erforschung der Konstitution der Sterine und ihres Zusammenhangs mit Vitaminen«.

Aufnahme in den Orden am 9. Oktober 1952.

Adolf Windaus

VERZEICHNISSE

VERZEICHNIS NACH AUFNAHMEJAHREN

1882–1952

1882

Berthelot, Pierre Eugène Marcellin, in Paris – Chemiker
Bossingault, Jean-Baptiste Joseph Dieudonné, in Paris – Chemiker und Astronom
Fiorelli, Giuseppe, in Rom – Archäologe
Richter, Gustav Karl Ludwig, in Berlin – Maler
Schilling, Johannes, in Dresden – Bildhauer
Struve, Otto Wilhelm von, in Pulkowa – Astronom
Studer, Bernhard Rudolf, in Bern – Geologe

1883

Begas, Reinhold, in Berlin – Bildhauer
Hofmann, August Wilhelm von, in Berlin – Chemiker

1884

Amari, Michele Benedetto Gaetano, in Pisa – Historiker und Orientalist
Schaper, Friedrich, in Berlin – Bildhauer
Thomson, Lord William Kelvin of Largs, in Glasgow – Physiker

1885

Lister, Lord Joseph, in London – Chirurg
Waitz, Georg, in Berlin – Historiker

1886

Pott, August Friedrich, in Halle a. d. Saale – Sprachforscher
Rossi, Giovanni Battista Carlo de, in Rom – Archäologe
Siemens, Werner Ernst von, in Charlottenburg – Physiker

1887

Brahms, Johannes, in Wien – Komponist
Freytag, Gustav, in Wiesbaden – Dichter und Schriftsteller
Monteverde, Giulio, in Rom – Bildhauer
Treitschke, Heinrich von, in Berlin – Historiker
Verdi, Giuseppe Fortunino Francesco, in Santa Agata – Komponist
Wright, William, in Cambridge, England – Orientalist

1888

Clausius, Rudolf Julius Emanuel, in Bonn – Physiker
Gneist, Heinrich Rudolf Hermann Friedrich von, in Berlin – Rechtsgelehrter
Leighton of Stretton, Sir Frederick Baron, in London – Maler und Bildhauer
Marignac, Jean Charles Galissard de, in Genf – Chemiker
Meneghini, Giuseppe Giovanni Antonio, in Pisa – Geologe und Paläontologe
Nöldeke, Theodor, in Straßburg i. E. – Orientalist
Wauters, Émile Charles, in Brüssel – Maler

1889

Ludwig, Karl Friedrich Wilhelm, in Leipzig – Physiologe

1890

Gebhardt, Karl Franz Eduard von, in Düsseldorf – Maler

1891

Candolle, Alphonse Louis Pierre Pyramus de, in Genf – Botaniker
Ende, Hermann, in Berlin – Architekt
Hildebrand, Adolf von, in München – Bildhauer
Jagič, Vatroslav von, in Wien – Slavist
Kern, Johan Hendrik Caspar, in Leiden – Indologe und Sprachforscher
Layard, Sir Austen Henry, in London – Archäologe und Diplomat
Rubinstein, Anton Grigorjewitsch, in St. Petersburg – Tonkünstler
Verdy du Vernois, Adrian Friedrich Wilhelm Julius Ludwig von, in Berlin – Kriegswissenschaftler
Villari, Pasquale, in Rom – Historiker und Politiker

1892

Auwers, Arthur Julius Georg Friedrich von, in Berlin – Astronom
Gould, Benjamin Apthorp, in Cambridge, Nordamerika – Astronom
Millais, Sir John Everett, in London – Maler

1893

Kekulé von Stradonitz, Friedrich August, in Bonn – Chemiker
Kundt, August, in Berlin – Physiker
Lovén, Sven Ludvig, in Stockholm – Zoologe
Passini, Ludwig Johann, in Venedig – Maler
Pflüger, Eduard Friedrich Wilhelm, in Bonn – Physiologe

1894

Agardh, Jakob Georg, in Lund – Botaniker
Arneth, Alfred Ritter von, in Wien – Historiker

1895

Baeyer, Adolf Johann Friedrich Wilhelm Ritter von, in München – Chemiker
Goeje, Michael Jan de, in Leiden – Arabist
Hoff, Jacobus Hendricus van't in Amsterdam – Chemiker
Imhoof-Blumer, Friedrich, in Winterthur – Numismatiker
Schiaparelli, Giovanni Virgino, in Mailand – Astronom
Vogel, Hermann Carl, in Potsdam – Astrophysiker

1896

Bismarck, Otto Eduard Leopold Fürst von, in Berlin – Staatsmann
Brunner, Heinrich, in Berlin – Rechtsgelehrter
Grimm, Hermann, in Berlin – Kunst- und Literaturhistoriker
Kölliker, Rudolf Albert von, in Würzburg – Anatom
Kohlrausch, Friedrich Wilhelm, in Charlottenburg – Physiker
Kowalewskij, Alexander Onufrijewitsch, in St. Petersburg – Zoologe

1897

Hittorf, Johann Wilhelm, in Münster i. W. – Physiker
Leuckart, Rudolf, in Leipzig – Zoologe
Neumann, Carl Gottfried, in Leipzig – Mathematiker
Pradilla y Ortiz, Francisco, in Madrid – Maler
Stubbs, William, in Oxford – Historiker
Usener, Hermann, in Bonn – Klassischer Philologe
Weber, Albrecht Friedrich, in Berlin – Orientalist

1898

Ficker von Feldhaus, Johann Kaspar Julius, in Innsbruck – Historiker
Flower, Sir William Henry, in London – Naturforscher

Montelius, Gustav Oskar August, in Stockholm – Archäologe
Murray, Sir John, in Edinburgh – Tiefseeforscher
Schwendener, Simon, in Berlin – Botaniker

1899

Herkomer, Sir Hubert von, in Lululaund-Bushey Herts bei London – Maler und Graphiker
Joachim, Joseph, in Berlin – Tonkünstler
Schmoller, Gustav von, in Berlin – Nationalökonom und Historiker

1900

Pettenkofer, Max Joseph von, in München – Hygieniker und Chemiker

1901

Saint-Saëns, Charles-Camille, in Paris – Komponist
Virchow, Rudolf, in Berlin – Pathologe
Wellhausen, Julius, in Göttingen – Historiker und Orientalist

1902

Agassiz, Alexandre Emanuel, in Cambridge, Nordamerika – Zoologe
Avebury, Lord John Lubbock, in Down (Kent) – Naturforscher
Cremona, Antonio Luigi Gaudenzio, in Rom – Mathematiker
Gegenbaur, Karl, in Heidelberg – Anatom
Harnack, Adolf von, in Berlin – Theologe und Kirchenhistoriker
Hooker, Sir Joseph Dalton, in Kiew – Botaniker
Justi, Karl, in Bonn – Kunsthistoriker

Paris, Gaston Bruno Paulin, in Paris – Romanist
Semjonow-Tienschanski, Peter Petrowitsch von, in St. Petersburg – Geograph

1903

Mussafia, Adolf, in Wien – Romanist
Rayleigh, Lord John William Strutt, in Tedling Plage, Witham (Essex) – Physiker
Sickel, Theodor Ritter von, in Meran – Historiker

1904

Fischer, Hermann Emil, in Berlin – Chemiker
Gevaert, François-Auguste Baron, in Brüssel – Musikhistoriker und Komponist
Kirchhoff, Adolf, in Berlin – Klassischer Philologe
Sylow, Peter Ludwig Mejdell, in Kristiania – Mathematiker

1905

Ascoli, Graziadio Isaia, in Mailand – Forscher auf dem Gebiet der Vergleichenden Sprachwissenschaft
Defregger, Franz Jacob von, in München – Maler
Newcomb, Simon, in Washington – Astronom

1906

Bücheler, Franz, in Bonn – Klassischer Philologe
Delisle, Leopold Victor, in Paris – Historiker
Koch, Robert, in Berlin – Bakteriologe

1908

Bruch, Max, in Berlin – Komponist
Bryce, James Viscount, in London – Historiker und Rechtsgelehrter

Dilthey, Wilhelm, in Berlin – Philosoph
Lorentz, Hendrik Antoon, in Leiden – Physiker
Pfeffer, Wilhelm Friedrich Philipp, in Leipzig – Pflanzenphysiologe und Botaniker
Radloff, Friedrich Wilhelm, in St. Petersburg – Forscher auf dem Gebiet der Türkischen Sprache
Sargent, John Singer, in London – Maler
Seidl, Gabriel Ritter von, in München – Architekt
Vahlen, Johannes, in Berlin – Klassischer Philologe
Wilamowitz-Moellendorff, Ulrich von, in Berlin – Klassischer Philologe

1910

Gill, Sir David, in London – Astronom
Zeppelin, Ferdinand Graf von, in Friedrichshafen – Aeronautiker

1911

Goltz, Colmar Freiherr von der, in Berlin – Kriegswissenschaftler
Hering, Karl Ewald Konstantin, in Leipzig – Physiologe
Heusler, Andreas, in Basel – Rechtsgelehrter
Lessing, Otto, in Berlin – Bildhauer
Pickering, Edward Charles, in Cambridge, Nordamerika – Astronom
Ramsay, Sir William, in London – Chemiker
Retzius, Gustaf Magnus, in Stockholm – Histologe
Röntgen, Wilhelm Conrad, in München – Physiker
Schönleber, Gustav, in Karlsruhe i. B. – Maler
Thomsen, Wilhelm Ludwig Peter, in Kopenhagen – Sprachforscher

1912

Hann, Julius Ferdinand von, in Wien — Meteorologe
Koser, Reinhold, in Berlin — Historiker
Tuaillon, August Louis, in Berlin — Bildhauer
Turner, Sir William, in Edinburgh — Anatom
Wundt, Wilhelm, in Leipzig — Psychologe und Philosoph

1913

Bonnat, Léon Joseph Florentin, in Paris — Maler
Diels, Hermann, in Berlin — Klassischer Philologe
Hoffmann, Ernst Emil Ludwig, in Berlin — Architekt

1914

Golgi, Camillo, in Pavia — Mediziner und Histologe
Grässel, Hans, in München — Architekt

1915

Angeli, Heinrich von, in Wien — Historien- und Porträtmaler
Cajal, Santiago Ramón y, in Madrid — Mediziner und Histologe
Gierke, Otto Friedrich von, in Berlin — Rechtsgelehrter
Kapteyn, Jacobus Cornelius, in Groningen — Astronom
Planck, Max Karl Ernst Ludwig, in Berlin — Physiker
Seeliger, Hugo Ritter von, in München — Astronom

1916

Freytag-Loringhoven, Hugo Freiherr von, in Weimar — Kriegswissenschaftler
Sohm, Rudolph, in Leipzig — Rechtsgelehrter

1917

Klinger, Max, in Leipzig — Radierer und Bildhauer
Nernst, Walther Hermann, in Berlin — Physiker
Thoma, Hans, in München — Maler und Graphiker

1918

Erman, Adolf, in Berlin – Ägyptologe
Knapp, Georg Friedrich, in Straßburg i. E. – Nationalökonom und Staatswissenschaftler
Kries, Johannes Adolf von, in Freiburg – Physiologe
Linde, Carl Ritter von, in München – Ingenieur
Meyer, Eduard, in Berlin – Historiker

1923

Einstein, Albert, in Berlin – Physiker
Hauptmann, Gerhart, in Agnetendorf – Dichter
Klein, Felix, in Göttingen – Mathematiker
Lederer, Hugo, in Berlin – Bildhauer
Liebermann, Max, in Berlin – Maler

1924

Dehio, Georg Gottfried Julius, in Tübingen – Kunsthistoriker
Hertwig, Richard von, in München – Zoologe
Kuhl, Hermann von, in Berlin – Kriegswissenschaftler
Lüders, Heinrich, in Berlin – Indologe
Pfitzner, Hans Erich, in München – Komponist
Schwartz, Eduard, in München – Klassischer Philologe
Slevogt, Max, in Berlin – Maler und Graphiker
Strauss, Richard Georg, in Garmisch – Komponist
Willstätter, Richard, in München – Chemiker

1925

Habermann, Hugo Freiherr von, in München – Maler
Krehl, Ludolf von, in Heidelberg – Mediziner

1926

Hilbert, David, in Göttingen – Mathematiker
Kalckreuth, Leopold Karl Walter Graf von, in München – Maler und Graphiker

Penck, Albrecht, in Berlin – Geograph
Vossler, Karl, in München – Romanist

1929

Bode, Wilhelm von, in Berlin – Kunsthistoriker und Museumsdirektor
Furtwängler, Gustav Heinrich Ernst Martin Wilhelm, in Berlin – Tonkünstler
Kollwitz, Käthe, in Berlin – Bildhauerin und Graphikerin
Stumpf, Carl, in Berlin – Psychologe und Philosoph

1931

Littmann, Enno, in Tübingen – Orientalist
Schulze, Wilhelm, in Berlin – Indogermanist
Wiegand, Theodor, in Berlin – Archäologe

1932

Kehr, Paul Fridolin, in Berlin – Historiker

1933

Barlach, Ernst Heinrich, in Güstrow i. M. – Bildhauer, Graphiker und Dichter
Wölfflin, Heinrich, in Zürich – Kunsthistoriker

1952

Bonatz, Paul, in Stuttgart – Architekt
Bothe, Walther Wilhelm Georg, in Heidelberg – Physiker
Curtius, Ernst Robert, in Bonn – Romanist
Curtius, Ludwig, in Rom – Archäologe

Domagk,Gerhard, in Wuppertal-Elberfeld — Mediziner
Frisch, Karl Ritter von, in München — Zoologe
Hahn, Otto, in Göttingen — Chemiker
Haenisch, Erich, in Herrenchiemsee — Sinologe
Hartmann, Max, in Tübingen — Biologe
Hindemith, Paul, in Zürich — Komponist
Hofer, Karl, in Berlin — Maler und Graphiker
Kaufmann, Erich, in Bonn — Rechtswissenschaftler
Laue, Max Theodor Felix von, in Berlin — Physiker
Litt, Theodor, in Bonn — Philosoph
Marcks, Gerhard, in Köln — Bildhauer
Meinecke, Friedrich, in Berlin — Historiker
Nolde, Emil, in Seebüll — Maler und Graphiker
Reinhardt, Karl, in Frankfurt a. M. — Klassischer Philologe
Renner, Otto, in München — Botaniker
Schmitthenner, Paul, in Kilchberg — Architekt
Schneider, Reinhold, in Freiburg — Schriftsteller und Dichter
Schröder, Rudolf Alexander, in Sonnleithen — Dichter
Sintenis, Renée, in Berlin — Bildhauerin und Malerin
Spranger, Eduard, in Tübingen — Philosoph
Warburg, Otto, in Berlin — Biochemiker
Wieland, Heinrich, in Starnberg — Chemiker
Windaus, Adolf, in Göttingen — Chemiker

LISTE DER ORDENSMITGLIEDER 1842 BIS 1952 NACH FACHBEREICHEN

Das Jahr der Aufnahme in den Orden ist hinter den Namen angegeben

I GEISTESWISSENSCHAFTEN

Archäologie

a) *Klassische*

Avellino 1842
Borghesi 1842
Curtius, Ludwig 1952
Duc de Luynes 1853
Fiorelli 1882
Montelius 1898
de Rossi 1886
Wiegand 1931

b) *Vorderasiatische*

Layard 1891

Ägyptologie

Erman 1918
Lepsius 1872
Peyron (s. auch Klass. Philologie und Orientalistik) 1865

Germanistik

Grimm, Jacob 1842
Haupt, Moriz (s. auch Klass. Philologie) 1871

Geschichtswissenschaften

a) *Geschichte des Altertums*

Amari 1884
Curtius, Ernst 1879
Meyer, Eduard 1918
Mommsen (s. auch Numismatik) 1868

b) *Geschichte des Mittelalters und der neueren Zeit*

von Arneth 1894
Bancroft 1875
Bryce 1908
Carlyle 1874
Delisle 1906
von Feldhaus 1898
Guizot 1849
Kehr 1932
Koser 1912
Macaulay 1853
Meinecke, Friedrich 1952
von Ranke 1855
von Raumer 1863
Schlosser 1860
von Sickel 1903
Stubbs 1897
von Sybel 1874
von Treitschke 1887

Villari (s. auch Staatswissenschaft und Politik)	1891
Waitz	1885

c) *Orientalische Geschichte*

von Hammer-Purgstall (s. auch Orientalistik)	1850
Wellhausen (s. auch Orientalistik)	1901

Indogermanistik und Indologie

von Böhtlingk	1876
Bopp	1842
Burnouf (s. auch Orientalistik)	1850
Kern	1891
Lassen (s. auch Orientalistik)	1857
Lüders	1924
Müller, Max (s. auch Orientalistik	1874
Pott	1886
Schulze, Wilhelm	1931
Weber, Albrecht (s. auch Orientalistik)	1897
Whitney (s. auch Orientalistik)	1881

Klassische Philologie

Bekker	1861
Boeckh	1842
Bücheler	1906
Creuzer	1849
Curtius, Georg	1877
Diels	1913
Hase	1849
Haupt (s. auch Germanistik)	1871
Hermann, Gottfried	1846
Kirchhoff, Adolf	1904
Lobeck	1855
Madvig	1869
Meineke, August	1868
Peyron (s. auch Ägyptologie und Orientalistik)	1865
Reinhardt	1952
Schömann	1864
Schwartz	1924
Usener	1897
Vahlen	1908
von Milamowitz-Moellendorff	1908

Kunstgeschichte

von Bode	1929
Dehio	1924
Grimm, Hermann	1896
Justi	1902
Wölfflin	1933

Numismatik

Imhoof-Blumer	1895
Letronne	1842
Mommsen (s. auch Geschichte des Altertums)	1868

Orientalistik (Semitistik, Islamkunde, alter Orient)

Burnouf (s. auch Indogermanistik)	1850
Fleischer	1868
de Goeje	1895
von Hammer-Purgstall (s.auch Geschichtswissenschaften)	1850
Hincks	1863
Lassen (s. auch Indologie)	1857
Littmann	1931

Müller, Max (s. auch Indologie) 1874
Nöldeke 1888
Peyron (s. auch Ägyptologie, Klass. Philologie) 1865
Rawlinson 1853
Weber, Albrecht (s. auch Indologie) 1897
Wellhausen (s. auch Orientalische Geschichte) 1901
Whitney (s. auch Indologie) 1881
Wright 1887

Philosophie

Dilthey 1908
Litt 1952
von Schelling 1842
Spranger 1952
Stumpf 1929
Trendelenburg 1872
Wundt 1912
Zeller 1877

Romanistik

Curtius, Ernst Robert 1952
Diez 1866
Johann von Sachsen 1869
Mussafia 1903
Paris 1902
Vossler 1920

Sinologie

Haenisch 1952

Slawistik

von Jagič 1891
Kopitar 1842
von Miklosich 1869
Šafařik 1845

Theologie

von Harnack 1902

Ural-altaische Philologie und Turkologie

Loennrot 1872
Radloff 1908
Thomsen, Vilhelm 1911

Vergleichende Sprachwissenschaft

Ascoli 1905

Rechtswissenschaften

Brunner 1896
Bryce (s. auch Geschichtswissenschaften) 1908
Eichhorn 1842
von Gierke 1915
von Gneist 1888
Heusler 1911
Kaufmann 1952
Mittermaier 1863
von Savigny 1842
Sohm 1916

Staatswissenschaft und Politik

von Bismarck 1896
Knapp (s. auch Wirtschaftswissenschaften) 1918
von Metternich-Winneburg 1842
Villari (s. auch Geschichte des Mittelalters und der neueren Zeit) 1891

Wirtschaftswissenschaften

von Hermann	1861
Knapp (s. auch Staatswissenschaft und Politik)	1918
von Schmoller	1899

Kriegswissenschaften

von Freytag-Loringhoven	1916
von der Goltz	1911
von Kuhl	1924
von Moltke	1874
von Verdy du Vernois	1891

II NATURWISSENSCHAFTEN

Naturforscher

Agassiz, Louis	1860
Agassiz, Alexandre (s. auch Zoologie)	1902
Lord Avebury	1902
Darwin	1868
Ehrenberg	1842
von Humboldt, Alexander	1842
Link (s. auch Botanik)	1845
Murray	1898

Physik

Arago	1842
Biot	1850
Bothe	1952
Brewster	1847
Clausius, Rudolf	1888
Einstein	1923
Faraday (s. auch Chemie)	1842
Gay-Lussac (s. auch Chemie)	1842
Helmholtz (s. auch Physiologie)	1873
Hittorf, Wilhelm	1897
Kirchhoff, Gustav Robert	1874
Kohlrausch	1896
Kundt, August	1893
von Laue	1952
Lloyd	1874
Lorentz, Hendrik-Antoon	1908
Melloni	1842
Nernst	1917
Neumann, Franz	1860
Oersted	1842
Planck	1915
Lord Rayleigh	1903
Regnault (s. auch Chemie)	1868
Röntgen	1911
Sabine (s. auch Astronomie)	1857
von Siemens, Werner	1886
Stokes, William	1875
Thomson, William, Lord Kelvin	1884
Weber, Wilhelm	1864
Wheatstone	1868

Chemie

von Baeyer, Adolf	1895
Berthelot	1882
Boussingault (s. auch Astronomie)	1882
von Berzelius	1842
Bunsen	1864
Dumas, Jean-Baptiste	1855
Faraday (s. auch Physik)	1842
Fischer, Emil	1904
Gay-Lussac (s. auch Physik)	1842
Hahn	1952
van't Hoff	1895

von Hofmann, August Wilhelm 1883
Kekulé von Stradonitz 1893
von Liebig 1851
de Marignac 1888
Mitscherlich 1842
von Pettenkofer (s. auch Hygiene) 1900
Ramsay, William 1911
Regnault (s. auch Physik) 1868
Rose, Heinrich 1861
Wieland, Heinrich 1952
Willstätter 1924
Wöhler 1864

Biochemie

Warburg 1952

Biologie

Hartmann, Max 1952
Müller, Johannes (s. auch Medizin und Physiologie) 1842

Botanik

Agardh 1894
Brown, Robert 1842
de Candolle 1891
Endlicher 1844
Hooker 1902
Kunth, Karl 1848
Link (s. auch Naturforscher) 1845
Pfeffer 1908
Renner, Otto 1952
Schwendener 1898

Zoologie

Agassiz, Alexandre (s. auch Naturforscher) 1902
von Baer 1849
von Frisch 1952
von Hertwig 1924
Kowalewskij 1896
Leuckart 1897
Lovén 1893
Milne-Edwards (s. auch Physiologie) 1867
Murray (s. auch Naturforscher) 1898
Owen 1852
von Siebold 1879
Steenstrup 1877

Mathematik

Cauchy 1849
Cremona 1902
Gauss (s. auch Astronomie) 1842
Hermite 1878
Hilbert 1926
Jacobi 1842
Klein, Felix 1923
Lejeune-Dirichlet 1855
Neumann, Carl 1897
Poncelet 1863
Stokes, George Gabriel 1879
Sylow 1904
Weierstrass 1875

Astronomie

Airy 1854
Argelander 1874
Auwers 1892
Bessel 1842
Boussingault (s. auch Chemie) 1882
Encke 1842
Gauss (s. auch Mathematik) 1842
Gill 1910
Gould 1892
Hansen, Peter Andreas 1866

Hansteen 1866
Herschel 1842
Kapteyn 1915
Newcomb 1905
Pickering 1911
Robinson 1872
Sabine (s. auch Physik) 1857
Schiaparelli 1895
von Seeliger 1915
von Struve, Wilhelm 1851
von Struve, Otto 1882
Vogel (s. auch Astrophysik) 1895

Astrophysik

Vogel (s. auch Astronomie) 1895

Meteorologie

Dove 1860
von Hann 1912

Geographen und Forschungsreisende

Frémont 1860
Jomard 1861
von Krusenstern 1842
von Nordenskiöld 1880
Penck 1926
von Semjonow-Tienschanski 1902
Ritter, Carl 1842

Geologie und Mineralogie

von Buch 1842
von Haidinger 1857
Lyell 1863
Meneghini 1888
Rose, Gustav 1871
Studer 1882
Weiss, Samuel 1853

Medizin

Dieffenbach 1842
Domagk 1952
Gegenbaur 1902
Golgi 1914
Koch 1906
von Kölliker 1896
von Krehl 1925
von Kries (s. auch Physiologie) 1918
Lord Lister 1885
Müller, Johannes (s. auch Physiologie und Biologie) 1842
Ramón y Cajal 1915
Retzius 1911
Schönlein 1842
Schwann (s. auch Physiologie) 1875
Stokes, William 1875
Turner 1912
Virchow 1901

Physiologie

Du Bois-Reymond 1877
von Brücke 1878
von Helmholtz (s. auch Physik) 1873
Hering 1911
von Kries (s. auch Medizin) 1918
Ludwig, Karl 1889
Milne-Edwards (s. auch Zoologie) 1867
Müller, Johannes (s. auch Biologie und Medizin) 1842
Pflüger 1893
Schwann (s. auch Medizin) 1875
Tiedemann 1851
Weber, Ernst Heinrich 1859

Hygiene

von Pettenkofer (s. auch Chemie)	1900

Technik

Fossombroni	1842
von Linde	1918
von Zeppelin	1910

III KÜNSTE

Dichter und Schriftsteller

Barlach (s. auch Bildhauer und Graphiker)	1933
de Chateaubriand	1842
Freytag	1887
Hauptmann	1923
Longfellow	1875
Manzoni	1844
Moore, Thomas	1842
Oehlenschläger	1844
Rückert	1842
von Schlegel, August-Wilhelm	1842
Schneider, Reinhold	1952
Schröder, Rudolf Alexander	1952
Shukowskij	1842
Tieck	1842

Maler und Graphiker

Achenbach, Andreas	1881
Alma-Tadema	1881
von Angeli	1915
Barlach (s. auch Bildhauer und Dichter)	1933
Bendemann	1867
Bonnat	1913
von Cornelius, Peter	1842
Cogniet	1865
Daguerre	1842
von Defregger	1905
Delaroche	1850
Flandrin	1863
Gallait	1852
von Gebhardt	1890
Gudin	1845
von Habermann	1925
von Herkomer	1899
Hofer	1952
Ingres	1842
von Kalckreuth	1926
von Kaulbach	1849
de Keyser	1873
Klinger (s. auch Bildhauer)	1917
Knaus	1873
Kollwitz (s. auch Bildhauer)	1929
Landseer	1872
Leighton of Stretton (s. auch Bildhauer)	1888
Lessing, Karl Friedrich	1842
Liebermann	1923
Menzel	1870
Millais	1892
Nolde	1952
Overbeck	1855
Passini	1893
Pradilla y Ortiz	1897
Richter	1882
Robert-Fleury	1857
Sargent	1908
von Schadow, Wilhelm	1850
Schnorr von Carolsfeld	1842
Schönleber	1911
Sintenis (s. auch Bildhauer)	1952
Slevogt	1924

Thoma	1917
Vernet	1842
Wauters	1888

Kupferstecher

Boucher, Baron Desnoyers	1855
Forster	1857
Henriquel-Dupont	1867
Mandel	1860
Toschi	1842

Bildhauer

Barlach (s. auch Maler und Graphiker und Dichter)	1933
Begas	1883
Clodt von Jürgensburg	1867
Drake	1863
Hähnel	1874
von Hildebrand	1891
Klinger (s. auch Maler und Graphiker)	1917
Kollwitz (s. auch Maler und Graphiker)	1929
Lederer	1923
Leighton of Stretton (s. auch Maler und Graphiker)	1888
Lessing, Otto	1911
Marcks	1952
Molin	1870
Monteverde	1887
Rauch	1842
Rietschel	1858
von Schadow, Gottfried	1842
Schaper	1884
Schilling	1882
von Schwanthaler	1842
Sintenis (s. auch Maler und Graphiker)	1952
Tenerani	1852
Thorvaldsen	1842
Tuaillon	1912

Architekten

Bonatz	1952
Duban	1868
Ende	1891
Fontaine	1842
Grässel	1914
Hittorff, Jakob Ignaz	1854
Hitzig	1881
Hoffmann, Ludwig	1913
von Klenze	1861
von Schmidt, Friedrich	1880
Schmitthenner	1952
von Seidl	1908
Semper	1874
Strack	1866
Stühler	1858
Ziebland	1864

Komponisten und Tonkünstler

Auber	1851
Brahms	1887
Bruch	1908
Furtwängler	1929
Gade	1881
Gevaert	1904
Grell	1864
Hindemith	1952
Joachim	1899
Liszt	1842
Mendelssohn-Bartholdy	1842
Meyerbeer	1842
Pfitzner	1924
Rossini	1842
Rubinstein	1891
Saint-Saëns	1901
Spohr	1848
Spontini	1842
Strauss, Richard	1924
Verdi	1887

ALPHABETISCHES VERZEICHNIS I. UND II. BAND 1842–1952

Das Jahr der Aufnahme in den Orden ist hinter den Namen in Klammern angegeben

BILDNACHWEIS II. BAND

Die Vorlagen zu den Abbildungen stellten freundlicherweise zur Verfügung bzw. wurden entnommen aus (zitiert sind die Seitenzahlen):

Académie des Sciences (Foto Colomb-Gérard), Paris: 87, 127, 243. – Academisch Historisch Museum, Rijksuniversiteit, Leiden: 217. – Akademie der Künste, Berlin: 351. – Aschehoug u. Co., Oslo: 197. – Ernst Barlach-Haus, Hamburg: 363 (Selbstbildnis). – Bibliothek der Rijksuniversiteit, Leiden (Zeichnung von Thérèse Schwarze): 107. – Bibliothèque Royale, Brüssel: 61. – Bildarchiv Foto Marburg: 179 (Gemälde von Sabine Lepsius), 315 (Selbstbildnis von Liebermann), 329 Selbstbildnis von Slevogt), 331 (Gemälde von Liebermann). – Bildarchiv Preußischer Kulturbesitz, Berlin: 25, 31, 49, 73, 113, 125, 149, 163, 167, 183, 187, 195, 215, 219, 223, 225, 231, 235, 237, 245, 251, 255, 257, 287, 299, 301, 305 (Gemälde von Lovis Corinth), 311, 317, 325, 333, 335 (Gemälde von Frank E. Smith), 343 353, 361. – Tita Binz, Mannheim: 375. – Erich Böhm, Berlin: 387. Bundesbildstelle, Bonn: VI, 381, 389, 395, 401, 405, 409. – Deutsches Archäologisches Institut, Berlin: 358. – Deutsches Archäologisches Institut, Rom: 373. – Deutsches Museum München: 55, 85, 133, 137, 171, 203. – H. D. Frhr. v. Diepenbroick-Grüter, Tecklenburg: 3, 5, 9, 17, 21, 23, 37, 9, 43, 53, 65, 77, 119, 153, 155, 157, 201, 265, 277, 281, 293, 295, 307, 365. – dpa: 371. – R. Dührkoop, Hamburg: 229. – Fritz Eschen, Berlin: 407. – Fitzwilliam Museum, Cambridge (England): 47. – Geheimes Staatsarchiv, Berlin: 81. – Germanisches Nationalmuseum, Nürnberg: 7, 29, 45, 63, 91, 99, 103, 117, 159, 209, 211, 213, 233, 249, 309, 319. – Institut für wissenschaftliche Ordenskunde, Berlin, Archiv: 35, 41, 71, 75, 79, 89, 111, 143, 185, 207, 273, 303. – Photo Jäggle, Tübingen: 413. – Königliche Bibilothek, Kopenhagen: 253. – Walter Kösters (Gemälde von Oberland), Berlin: 415. – Kungliga Vetenskapsakademiens Bibliothek (Foto G. Flormann), Stockholm: 95. – Kunstbibliothek, Berlin (Jessen): 173. – Kunsthistorisches Institut, Florenz: 57. – Lacroix, Genf: 67. – Richard u. Lindner, Berlin: 139. – Medizinische Universitätsklinik, Heidelberg: 337. – Lotte Meitner, Berlin: 347. – Österreichische National-Bibliothek, Wien: 83, 129, 135, 193, 199, 297, 313, 323, 339, 341. – Nordiska Museet, Stockholm: 147. – Max-Planck-Gesellschaft, Göttingen: 175. – Röhnert, Berlin: 385. – Royal Society (Foto J. R. Freeman), London: 145, 261. – Gerda Schimpf, Berlin: 411. – Umbo Hannover: 399. – Universitätsbibliothek, Basel: 239. – Universitets Botaniska Museum, Lund: 101. – Wissmann Bilderdienst, München: 357. –

Nach: Berliner Leben (Zeitschrift 1912): 259. – Bildnisse berühmter Mitglieder der Akademie der Wissenschaften zu Berlin (1950): 377. – Brockhaus Enzyklopädie, 1969: 271, 289. – Deutsche Akademie der Wissenschaften, Vorträge und Schriften,

1952: 283. – Enciclopedia Italiana, 1929: 275. – Illustrirte Zeitung, Leipzig: 11, 15, 19 (Foto & W. Fechner), 27, 33, 51, 59, 93, 97, 105 (Foto Friedrich Müller), 109 (Foto W. Höffert), 115, 121, 131, 139, 141 (Foto W. Höffert), 151, 161, 165, 169, 173 (Foto Ed. Schulze, Heidelberg), 181, 189 (Foto v. Perckhammer, Meran), 191 (Atelier Victoria, Berlin), 205, 227, 241 (Foto W. Fechner), 263, 267, 269. – R. A. v. Kölliker, Erinnerungen (Foto Frankonia, Würzburg): 123. – Probleme der Astronomie, Festschrift für H. v. Seeliger, 1924: 285. – Royal Botanic Gardens Bulletin, London: 177. – Svenska Vetenskapsakademiens Arsbok för 1921: 247. – Vierteljahresschrift der Astronomischen Gesellschaft, 1923: 279. –

Alle übrigen Vorlagen: Archiv des Ordens Pour le mérite für Wissenschaften und Künste, Bonn.

INHALT